# 人工智能教育 第一册

## 走近人工智能

冯天晓 郑 晓 主编

清华大学出版社

北京

# 内 容 简 介

作为人工智能教育套书的起始册，本书以图图、灵灵、小智和 AI 小博士之间轻松的对话、应用智能设备解决身边的问题为主线，让读者在对话和任务完成中感受人工智能技术的应用，在智能设备体验与应用中感受人工智能的魅力，体会人工智能的思想，为后面的学习打下坚实的基础。本书共分为四个单元，分别为"你好，人工智能""人工智能初体验""这是谁的脸""智能穿戴"。

本书适合作为小学低年级的教材或辅助资料，也可供小学科技教师参考。

**图书在版编目（CIP）数据**

人工智能教育 . 第一册，走近人工智能 / 冯天晓，郑晓主编 . —北京：清华大学出版社，2023.2
ISBN 978-7-302-62724-1

Ⅰ . ①人… Ⅱ . ①冯… ②郑… Ⅲ . ①人工智能 – 小学 – 教学参考资料 Ⅳ . ① G633.672

中国国家版本馆 CIP 数据核字（2023）第 029646 号

责任编辑：白立军 杨 帆
封面设计：刘 乾
责任校对：韩天竹
责任印制：丛怀宇

出版发行：清华大学出版社
　　　　　网　　　址：http://www.tup.com.cn, http://www.wqbook.com
　　　　　地　　　址：北京清华大学学研大厦 A 座　　　　邮　　编：100084
　　　　　社 总 机：010-83470000　　　　　　　　　　　邮　　购：010-62786544
　　　　　投稿与读者服务：010-62776969, c-service@tup.tsinghua.edu.cn
　　　　　质量反馈：010-62772015, zhiliang@tup.tsinghua.edu.cn
印 装 者：三河市龙大印装有限公司
经　　销：全国新华书店
开　　本：185mm×230mm　　　　印　张：6　　　　字　数：134 千字
版　　次：2023 年 4 月第 1 版　　　　　　　　　　印　次：2023 年 4 月第 1 次印刷
定　　价：45.00 元

产品编号：097498-01

# 出版说明

2017 年 7 月，国务院发布《新一代人工智能发展规划》，要求在中小学阶段设置人工智能相关课程，逐步推广编程教育。2018 年 1 月，教育部正式将"人工智能"纳入《普通高中信息技术课程标准（2017 年版）》。人工智能进入校园，为学生的个性化发展而设计人工智能课程，受到教育界的高度关注。2022 年 4 月，教育部发布了义务教育阶段课程方案和各课程标准。在本次课程改革方案中，"信息科技"成为全国统一开设的独立课程科目，而人工智能技术是"信息科技"的重要内容。

本套书致力于开展人工智能普及教育，重点培养学生的理性思维、批判质疑精神和研究、创新能力，引导学生在掌握人工智能基本知识的同时，认识到人工智能在信息社会中发挥着越来越重要的促进作用，能够根据需要运用人工智能技术解决生活与学习中的问题，逐步成为信息社会的积极参与者。通过本套书的学习，学生能够获得人工智能的基本知识、技能、应用能力，以及相关的意识、伦理等方面的培育，在运用人工智能技术解决实际问题的过程中，成长为具有良好的信息意识与计算思维，具备数字化学习与创新能力以及信息社会责任感的未来公民。在编写过程中，除了聚焦人工智能信息素养的培育，还关注培养学生中国优秀传统文化与道德情感。例如，《人工智能教育（第二册）人工智能伴我游》以游览故宫为主线，通过古代文化与现代科技的融合，培养学生的爱国意识与文化自信。

依托北京师范大学"国家青少年 STEAM 教育体系建设及应用实践研究"课题的重要成果，本套书在编写过程中还参考了《义务教育信息科技课程标准（2022年版）》《普通高中信息技术课程标准（2017年版）》《中小学人工智能课程开发标准（试行）》等政策文件和行业标准，结合教学实际情况，由一线教师编写。

本套书的学习内容均来自学生真实的生活场景，以活动贯穿，以问题引入，运用生动活泼、贴近生活的案例进行概念阐述。其中，每单元的开头设置明确的学习目标，目标先行，以终为始，教师和学生可以根据目标安排学习进度，设定预期的学习结果。

本套书注重结合小学生的学习特点与教育规律，避免了单纯的知识传授与理论灌输。编写过程中构建了图图、灵灵、小智和 AI 小博士四个主人公，围绕他们在学校、家庭、社会中的所见所闻展开学习活动，具有亲切感。

图图

灵灵

小智

AI 小博士

采用体验式学习、项目式学习与探究性学习，在阐述概念和理论的基础上，设置了聪明的大脑、AI大挑战、准备好了、奇思妙想、大显身手、我的小成就、AI爱创新等栏目。

聪明的大脑——旨在培养学生爱思考、善发现的学习习惯，在生活中能够发现问题、提出问题。

AI大挑战——把问题转化成挑战性任务，明确要学习的目标。

准备好了——为解决问题、挑战任务做好硬件、软件准备。

奇思妙想——为解决问题而先行设计，提出解决方案，培养设计思维和工程思维。

大显身手——主要是解决问题环节，提供具体的解决方案。

我的小成就——为学生提供展示与交流的机会，秀出自己的劳动成果。

AI爱创新——在原有基础上拓展与创新，培养学生的创新意识与不断进取的精神。

本套书共六册。每册有不同的主题：第一册为走近人工智能，第二册为人工智能伴我游，第三册为生活中的人工智能，第四册为人工智能服务，第五册为人工智能与社会，第六册为人工智能与大数据。

参与本套书编写工作的教师主要来自信息技术、通用技术、科学课程的教学一线，具有丰富的教育教学经验。他们对本套书的内容选择、展现形式、学习方式、组织实施、评价交流等都提出了很多宝贵的建议，部分内容还经历了多轮教学实验，从而保证内容的实用性和科学性。各册具体编写人员如下：

《人工智能教育（第一册）走近人工智能》

冯天晓　郑晓　姜凤敏　强光峰　朱燕娟　恽竹恬

《人工智能教育（第二册）人工智能伴我游》

李作林　温天骁　何玲燕　姜凤敏　朱燕娟　侯艺馨

《人工智能教育（第三册）生活中的人工智能》

杨玉春　霍俊飞　郝红继　傅悦铭　彭玉兵　张凯

《人工智能教育（第四册）人工智能服务》

王海涛　刘长焕　王晓龙　何玲燕　曹善皓　杨书恒

《人工智能教育（第五册）人工智能与社会》

孙洪涛　苏晓静　彭慧群　纪朝宪　孔伟　王栋

《人工智能教育（第六册）人工智能与大数据》

谢浩　纪朝宪　郑晓　李葆萍　恽竹恬　苏晓静

本套书适合小学阶段各年级学生、家长和一线教师阅读使用，要求亲自动手验证本套书中的内容，感受人工智能技术给人们生活带来的美好。

本套书得以完成，得益于清华大学出版社孙宇副社长、白立军编辑、杨帆编辑等工作人员的大力支持和帮助，以及北京师范大学人工智能学院、中国人民大学附属中学、中国海洋大学、山东省学前教育中心等单位提供的专业支持，在此表示衷心的感谢！同时还要感谢网易有道、邦宝益智对本套书提供的内容支撑和应用场景支持。

囿于作者能力，本套书难免存在不完善甚至错误之处，敬请广大读者批评指正。

2023 年 1 月

# 前言

随着时代的发展、技术的进步，人工智能设备在生活中越来越常见，小到智能音箱、扫地机器人、智能手机等，大到无人驾驶汽车、火箭、宇宙飞船等。人工智能设备的出现和发展，极大地改变了人们的工作和生活方式，提高了工作效率，丰富了人们的物质和精神世界。本书以轻松的对话、有趣的情境，带领学生初步了解人工智能，感受人工智能的魅力。

本书的主旨在于让学生初步了解人工智能，寻找生活中的人工智能产品，感受人工智能给人们生活带来的便利。简单体验人工智能产品，简单应用人工智能设备解决身边的问题，体会人工智能的思想，为后续进一步深入学习人工智能课程做准备。

全书包括四个单元。

第一单元——你好，人工智能。通过图图、灵灵、小智和 AI 小博士之间轻松的对话，初步认识人工智能。初步了解智能机器人，掌握智能机器人和普通机器人的区别。寻找身边的人工智能，找出它们给人们生活带来的便利。

第二单元——人工智能初体验。经历简单图形形状分类的过程，掌握正确的形状分类方法。通过图图、灵灵、小智、AI 小博士之间的互动，初步体验人工智能技术识别形状和颜色的过程，感受人工智能技术在解决生活中

shí jì wèn tí shí de biàn jié xìng hé gāo xiào xìng
实际问题时的便捷性和高效性。

dì sān dān yuán zhè shì shuí de liǎn tàn xī rén liǎn de tè zhēng zhǎng wò huà rén liǎn de fāng fǎ xué xí rén
第三单元——这是谁的脸。探析人脸的特征，掌握画人脸的方法。学习人
liǎn shí bié jì shù tǐ yàn rén liǎn shí bié de guò chéng xué xí rén liǎn sōu suǒ jì shù tǐ yàn rén liǎn sōu suǒ de guò
脸识别技术，体验人脸识别的过程。学习人脸搜索技术，体验人脸搜索的过
chéng péi yǎng xué shēng de xìn xī yì shí hé xìn xī shè huì zé rèn gǎn
程。培养学生的信息意识和信息社会责任感。

dì sì dān yuán zhì néng chuān dài xué xí zhì néng chuān dài jì shù liǎo jiě cháng jiàn de zhì néng chuān dài
第四单元——智能穿戴。学习智能穿戴技术，了解常见的智能穿戴
yǐ jí cháng yòng gōng néng tǐ yàn diàn huà shǒu biǎo de gōng néng sī kǎo tā de gōng zuò yuán lǐ yǐn dǎo xué shēng fā
以及常用功能。体验电话手表的功能，思考它的工作原理。引导学生发
xiàn shēn biān de wèn tí shè jì zì jǐ de zhì néng chuān dài péi yǎng xué shēng de chuàng xīn jīng shén
现身边的问题，设计自己的智能穿戴，培养学生的创新精神。

biān zhě
编　者

nián yuè
2023年1月

mù    lù

# 目　录

dì yī dān yuán
# 第一单元

nǐ hǎo　　rén gōng zhì néng
# 你好，人工智能

xué xí mù biāo
## 学习目标

（1）初步了解什么是人工智能。
chū bù liǎo jiě shén me shì rén gōng zhì néng

（2）初步了解什么是智能机器人，能够分辨智能机器人和普通机器人。
chū bù liǎo jiě shén me shì zhì néng jī qì rén　néng gòu fēn biàn zhì néng jī qì rén hé pǔ tōng jī qì rén

（3）发现 生活中 常见的人工智能产品，并说出它给人们带来了哪些
fā xiàn shēng huó zhōng cháng jiàn de rén gōng zhì néng chǎn pǐn　bìng shuō chū tā gěi rén men dài lái le nǎ xiē
便利。
biàn lì

dà jiā hǎo　wǒ shì tú tu　wǒ xiàn zài yǐ jīng shì yī nián jí de xiǎo xué shēng le　zhōng yú pàn dào le kāi xué
大家好！我是图图。我现在已经是一年级的小学 生了！ 终于盼到了开学
de rì zi　wǒ hé hǎo péng yǒu líng líng yì qǐ kāi kāi xīn xīn qù shàng xué
的日子。我和好朋友灵灵一起开开心心去上学。

nǐ hǎo　huān yíng xīn tóng xué　huān yíng tú tu　huān yíng líng líng
"你好！欢迎新同学！欢迎图图，欢迎灵灵！"

qí guài　shì shuí zài hé wǒ men dǎ zhāo hu ne
"奇怪，是谁在和我们打招呼呢？"

wǒ shì yī kuǎn　zhì néng jī qì rén　dà jiā dōu jiào wǒ xiǎo zhì　yǐ hòu wǒ men
"我是一款 AI 智能机器人，大家都叫我小智，以后我们

jiù shì tóng xué le
就是同学了！"

nǐ hǎo　tú tu hé líng líng hào qí de kàn zhe yǎn qián zhè gè hǔ tóu hǔ nǎo de jī
"你好！"图图和灵灵好奇地看着眼前这个虎头虎脑的机

qì rén　jí máng gēn tā dǎ zhe zhāo hu
器人，急忙跟它打着招呼。

kě shì nǐ shì zěn me zhī dào wǒ men de míng zi de ne
"可是你是怎么知道我们的名字的呢？"

nǐ shì zěn me huì shuō huà de ne
"你是怎么会说话的呢？"

nǐ zài jǐ nián jí jǐ bān ne
"你在几年级几班呢？"

……

hā hā　nǐ men de wèn tí kě zhēn duō　wǒ de běn lǐng kě dà le　wǒ
"哈哈，你们的问题可真多！我的本领可大了！我

shì xué xiào rén gōng zhì néng jì shù shí yàn shì de chǎn pǐn　wǒ bù jǐn néng gòu fēn biàn
是学校人工智能技术实验室的产品，我不仅能够分辨

chū xué xiào suǒ yǒu tóng xué hé lǎo shī de míng zi　hái néng bāng zhù lǎo shī pī gǎi zuò yè　dāng lǎo shī de xiǎo zhù shǒu ne
出学校所有同学和老师的名字，还能帮助老师批改作业，当老师的小助手呢，

wǒ hái huì zì wǒ xué xí
我还会自我学习……"

shén me shì rén gōng zhì néng jì shù　tú tu hé líng líng gèng jiā hào qí le
"什么是人工智能技术？"图图和灵灵更加好奇了！

wǒ jīn tiān tè bié máng　yǐ hòu wǒ huì hé nǐ men yī qǐ xué xí rén gōng zhì néng jì shù de　wǒ yào zǒu le
"我今天特别忙，以后我会和你们一起学习人工智能技术的。我要走了，

qù huān yíng bié de xīn tóng xué　zài jiàn
去欢迎别的新同学，再见！"

# 第一课　有趣的人工智能课

上课铃响了，图图和灵灵走进教室准备上课，看到讲台上已经站着一位酷酷的老师，同学们议论纷纷，都感到很好奇。

"同学们好，我是你们的人工智能课老师 AI 小博士。同时我也是学校人工智能技术实验室的负责人。小智是我的小助手，它也要跟同学们一起学习。"

"大家好，我是小智，开学的时候跟大家见过面，以后我们就是同学了！"

"AI 小博士好！小智好！"

"什么是人工智能？它能干什么？"

## 聪明的大脑

什么是人工智能？人工智能可以用在哪些方面？

## AI 大挑战

找出几个人工智能案例进行讨论。

## zhǔn bèi hǎo le
## 准 备 好 了

qiān bǐ　xiàng pí　shuǐ cǎi bǐ
铅笔、橡皮、水彩笔。

## qí sī miào xiǎng
## 奇 思 妙 想

nǐ jué de rén gōng zhì néng yīng gāi shì zěn me yàng de　　kě yǐ bǎ nǐ de xiǎng fǎ huà chū lái huò xiě chū lái
你觉得人工智能应该是怎么样的？可以把你的想法画出来或写出来。

| nǐ de xiǎng fǎ huà chū lái | nǐ de xiǎng fǎ xiě chū lái |
|---|---|
| 你的想法，画出来 | 你的想法，写出来 |
|  |  |

## dà xiǎn shēn shǒu
## 大 显 身 手

jīng guò qián miàn de qí sī miào xiǎng huán jié　guān yú rén gōng zhì néng　tóng xué men yǐ jīng yǒu le zì jǐ de xiǎng
经过前面的奇思妙想环节，关于人工智能，同学们已经有了自己的想

fǎ　jiē xià lái wǒ men tǎo lùn jǐ gè rén gōng zhì néng àn lì　bāng zhù dà jiā gèng hǎo de lǐ jiě rén gōng zhì néng　yī
法，接下来我们讨论几个人工智能案例，帮助大家更好地理解人工智能，一

qǐ lái kàn kàn ba
起来看看吧！

### rén gōng zhì néng àn lì yī　zhì néng jī qì rén
### 人工智能案例一：AI 智能机器人

dà jiā hǎo　wǒ shì xiǎo zhì　shì yī kuǎn　zhì néng jī qì rén　wǒ shì xué xiào
"大家好，我是小智，是一款 AI 智能机器人，我是学校

rén gōng zhì néng jì shù shí yàn shì de chǎn pǐn　wǒ néng jì zhù bìng jiào chū xué xiào suǒ yǒu xué
人工智能技术实验室的产品，我能记住并叫出学校所有学

shēng hé lǎo shī de míng zi　zhè gè gōng néng dà jiā yǐ jīng jiàn shi guò le
生和老师的名字。这个功能大家已经见识过了！"

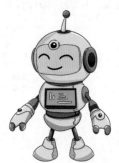

"你是怎么实现这个功能的呢？"图图迫不及待地问道。

"这个功能就是人工智能技术吗？"

"大家别着急，我慢慢给大家解释。这个功能当然属于人工智能技术了，AI小博士事先将大家的照片和名字存储在我的数据库中，我额头上有一个摄像头，可以拍照，拍的照片和数据库中的照片进行比对，比对出来最吻合的照片对应的名字，就是我要找的这个人，我大声地念出来就好了。"

"哇，听起来好有趣，人工智能技术太厉害了，我们还想再试试这个功能！"

"人工智能技术确实厉害，除了这个功能，我还能自动避障，还能帮AI小博士批改作业，还能自我学习……这些功能以后有机会我再给大家展示吧，大家现在可以排队站在我面前，一个一个来体验，图图、灵灵……"

"好了，同学们，体验告一段落。"AI小博士适时打断并进行总结。"小智是一款典型的人工智能技术的产品，它能够自动、智能地处理外界信息，得出正确的结论，这也是人工智能技术比较典型的特点。"

人工智能案例二：扫地机器人

"家里的地板脏了，除了能用扫把、拖把等手动工具

打扫，你见过 能自动打扫地板的机器吗？" AI 小博士问道。

"见过，扫地机器人就能自动打扫地板，我家里就有一款，它打扫完的地板可干净了！"灵灵抢着答道。

"对，扫地机器人能够自动打扫地板，你能简单介绍一下它是怎么工作的吗？"

"嗯，我觉得挺简单的。首先打开电源，使用按键选择清扫模式，它就开始按照预设的模式清扫，整个过程都是自动的。清扫完毕，人们倒一下扫地机器人垃圾盒里的垃圾就可以了。对了，在清扫的过程中，如果电池快没电了，它能够自己移动到充电器上充电，特别智能，我很喜欢！"

"灵灵介绍得太棒了！从灵灵的介绍中，我们能够发现扫地机器人在工作时也具有自动、智能的特点，它也是一款典型的人工智能技术的产品。" AI 小博士补充道。

## 人工智能案例三：无人驾驶汽车

"每天上学，爸爸开车送我，我觉得爸爸好辛苦。有没有不需要驾驶员的汽车，设置好后能够载着我开到学校呢？"图图问道。

"图图真是个有爱心的好孩子，知道体谅家长的不容易。还真有这样的汽车，那就是无人驾驶汽车，它能够按照人们的设置完成规定的驾驶任务。" AI 小博士答道。

tài hǎo le　　　　tā yě shì rén gōng zhì néng jì shù de chǎn pǐn ba
"太好了，它也是人工智能技术的产品吧？"

shì de　　wú rén jià shǐ qì chē lì yòng chuán gǎn qì　　dìng wèi zhuāng zhì　　diàn dòng jī
"是的，无人驾驶汽车利用 传感器、定位 装置、电动机

děng dài tì rén men de yǎn jing hé shǒu jiǎo　　kòng zhì qì chē xíng shǐ de sù dù hé fāng xiàng　néng gòu
等代替人们的眼睛和手脚，控制汽车行驶的速度和方向，能够

zì dòng　　zhì néng de jiāng rén men sòng dào shè dìng de mù dì dì　　xiàn zài duō jiā kē jì gōng sī dōu
自动、智能地将人们 送到设定的目的地。现在多家科技公司都

zài dà lì tóu rù fā zhǎn wú rén jià shǐ qì chē de yán jiū hé cè shì gōng zuò　xiāng xìn zài bù jiǔ
在大力投入发展无人驾驶汽车的研究和测试工作，相信在不久

de jiāng lái　　nǐ de yuàn wàng jiù néng gòu shí xiàn le
的将来，你的愿 望就能够实现了。"

wǒ　de　xiǎo chéng jiù
## 我的小成就

tóng xué men　　zhè jié kè wǒ men rè liè de tǎo lùn le　　gè rén gōng zhì néng àn lì　guān yú rén gōng zhì néng nǐ
同学们，这节课我们热烈地讨论了3个人工智能案例，关于人工智能你

lǐ jiě le duō shǎo　　nǐ zài qí sī miào xiǎng huán jié jì lù de xiǎng fǎ shǔ yú rén gōng zhì néng ma　　xià miàn yòng　hé
理解了多少？你在奇思妙想 环节记录的想法属于人工智能吗？下面用√和

lái diǎn píng yī xià ba　wán chéng de huà　　méi wán chéng de huà　　tóng xué men kě yǐ shì zhe zì jǐ píng jià
× 来点评一下吧！完成的画√，没完成的画×，同学们可以试着自己评价

hé hù xiāng píng jià
和互相 评价。

| 我的小成就<br>wǒ de xiǎo chéng jiù | 自己评价<br>zì jǐ píng jià | 互相评价<br>hù xiāng píng jià |
|---|---|---|
| 3个人工智能案例我都能看懂<br>gè rén gōng zhì néng àn lì wǒ dōu néng kàn dǒng | | — |
| 我理解了什么是人工智能<br>wǒ lǐ jiě le shén me shì rén gōng zhì néng | | — |
| 我还能找出更多的人工智能案例<br>wǒ hái néng zhǎo chū gèng duō de rén gōng zhì néng àn lì | | |
| 我的想法是否属于人工智能<br>wǒ de xiǎng fǎ shì fǒu shǔ yú rén gōng zhì néng | — | |

本节课大显身手的3个案例，我们发现人工智能技术的产品在工作时至少具有自动、智能的特点。

## AI 爱创新

天气炎热的时候，人们可以摇动扇子生风，也可以打开电风扇吹风。电风扇插上电以后，可以按照调好的挡位持续不断地提供大小均匀的风，相比扇扇子省力而且更加舒服。请你思考一下，电风扇是不是人工智能控制的？为什么？

## AI 课堂

人工智能（Artificial Intelligence，AI）是研究、开发用于模拟、延伸和扩展人的智能的理论、方法、技术及应用系统的一门新的技术科学。人工智能一般具有自动、智能的特点。

自动控制（Automatic Control）是指在没有人直接参与的情况下，利用外加的设备或装置，使机器、设备或生产过程的某个工作状态或参数自动地按照预定的规律运行。一般的自动控制不具有智能的特点。

# 第二课　好玩的智能机器人

图图跟着妈妈来逛超市，在超市里看到了一个好玩的机器，它可以发出语音，介绍各种商品的信息，还能在人群中来来回回地移动。

第二天上课，图图跟 AI 小博士说，"这个机器懂得真多，好厉害呀！"

"它是一款超市营销机器人，商品的信息存储在数据库中，它可以按照预先设置的方式进行播报。"

"我看到有人离它很近的时候，它就会停下来，等人走远了它再移动。"

"是的，它是一款智能机器人，能够实现自主规划行走路线和避障等功能。"

"什么是智能机器人？"

cōng míng de dà nǎo
## 聪明的大脑

shén me shì zhì néng jī qì rén ne　tā yǔ pǔ tōng jī qì rén yǒu shén me qū bié ne
什么是智能机器人呢？它与普通机器人有什么区别呢？

dà tiǎo zhàn
## AI 大挑战

rèn wù yī　zhǎo chū jǐ gè zhì néng jī qì rén jìn xíng tǎo lùn
任务一：找出几个智能机器人进行讨论。

rèn wù èr　zhǎo chū zhì néng jī qì rén yǔ pǔ tōng jī qì rén de qū bié
任务二：找出智能机器人与普通机器人的区别。

zhǔn bèi hǎo le
## 准备好了

qiān bǐ　xiàng pí　shuǐ cǎi bǐ
铅笔、橡皮、水彩笔。

qí sī miào xiǎng
## 奇思妙想

nǐ jué de zhì néng jī qì rén kě néng yǒu shén me gōng néng　kě yǐ bǎ nǐ de xiǎng fǎ huà chū lái huò xiě chū lái
你觉得智能机器人可能有什么功能？可以把你的想法画出来或写出来。

| nǐ de xiǎng fǎ　huà chū lái<br>你的想法，画出来 | nǐ de xiǎng fǎ　xiě chū lái<br>你的想法，写出来 |
| --- | --- |
|  |  |

dà xiǎn shēn shǒu
## 大显身手

jīng guò qián miàn de qí sī miào xiǎng huán jié　tóng xué men duì zhì néng jī qì rén kě néng yǒu de gōng néng yǒu le chū bù
经过前面的奇思妙想环节，同学们对智能机器人可能有的功能有了初步想法。为了让同学们更加深入地掌握什么是智能机器人，并熟练地区分智能机器人和普通机器人，接下来我们讨论几个智能机器人的案例，一起来看看吧！

### 智能机器人案例一：超市营销机器人

"超市营销机器人不仅能够按照预先设置的程序播报产品信息，还能自主地规划行走路线和避障，使用了人工智能算法，属于智能机器人。"

"一般情况下，可以将具有自主学习功能，通过人工智能算法控制的机器人称为智能机器人；将依靠简单程序控制，实现单一功能的机器人称为普通机器人。"AI小博士总结道。

"是这样的啊，那如果某一款超市营销机器人不能行走，只能固定在一个地方，循环播报若干产品的信息，是不是可以将它称为普通机器人？"图图反问道。

"这是个好问题，答案是肯定的。即使是同一类型的机器人，判断它是不是智能机器人，也不能一概而论，需要结合它的实际功能和实际应用场景来确定。"AI小博士回答道。

---

知识加油站

智能超市营销机器人能够实现自主规划行走路线和避障等功能，通过安装摄像头或传感器采集外界信号，一般可以看到机器人四周安装多个摄像头或传感器。

---

## 智能机器人案例二：餐厅服务机器人

"有些餐厅推出的餐厅服务机器人可以给客人提供点餐服务和送餐服务，它们是不是智能机器人呢？"AI小博士问道。

"我跟妈妈在餐厅吃饭时见过这种机器人，它们的功能很强大，我认为它们是智能机器人。"图图抢着答道。

"图图的回答非常正确。餐厅服务机器人使用人工智能算法，能够识别路况、避障、发出语音等，也能够处理一些比较简单的突发情况，是比较典型的智能机器人。"AI小博士说道。

"我在电视上看到，新冠病毒感染期间，很多地区推出疫情防控送餐机器人，它们能够准确地将饭菜送到隔离房间门口，最大限度地隔断了病毒传播途径，我认为它们也是智能机器人。"灵灵补充道。

"灵灵太棒了，懂得举一反三，疫情防控送餐机器人是智能机器人，它们为我们国家的疫情防控做出了巨大的贡献。"AI小博士总结道。

智能机器人案例三：物流机器人

"有时电视上能够看到快递员叔叔使用物流机器人将快递包裹投递到指定的位置，物流机器人属不属于智能机器人呢？"图图提问道。

"我觉得属于，物流机器人在运送快递包裹的途中，要解决很多突发的问题，普通机器人做不到。"灵灵回答道。

"图图的问题提得好，灵灵回答得也棒！是的，物流机器人要解决行走路线规划、避障、投递快递、充电等问题，从这个角度上来讲，它们的功能比一般的超市营销机器人和餐厅服务机器人更加强大，是智能机器人。"AI小博士回答道。

wǒ zài xiǎo qū lǐ zhǐ jiàn dào guò kuài dì yuán shū shu shàng mén sòng kuài dì　　méi jiàn dào guò wù liú jī qì rén

"我在小区里只见到过快递员叔叔上门送快递，没见到过物流机器人。"

tú tu jiē zhe bǔ chōng dào

图图接着补充道。

xiàn jiē duàn　　wù liú jī qì rén hái zhǐ néng zài bǐ jiào jiǎn dān de huán jìng zhōng tóu rù shǐ yòng　　wèi le yìng duì fù

"现阶段，物流机器人还只能在比较简单的环境中投入使用。为了应对复

zá de huán jìng　　kē jì gōng sī zhèng zài jiā dà tóu rù jìn xíng yán fā hé cè shì　　wǒ xiāng xìn　　suí zhe jì shù de jìn

杂的环境，科技公司正在加大投入进行研发和测试，我相信，随着技术的进

bù zài bù jiǔ de jiāng lái　　nǐ yī dìng néng gòu zài xiǎo qū kàn dào wù liú jī qì rén　　xiǎo bó shì zǒng jié dào

步，在不久的将来，你一定能够在小区看到物流机器人。"AI 小博士总结道。

tài bàng le　　zhēn xī wàng zhè yī tiān néng jìn kuài dào lái

"太棒了，真希望这一天能尽快到来。"

wǒ de xiǎo chéng jiù

## 我的小成就

tóng xué men　　zhè jié kè wǒ men rè liè de tǎo lùn le　　gè zhì néng jī qì rén àn lì　　guān yú zhì néng jī qì

同学们，这节课我们热烈地讨论了3个智能机器人案例，关于智能机器

rén　　nǐ lǐ jiě le duō shǎo　　nǐ zài qí sī miào xiǎng huán jié jì lù de xiǎng fǎ shǔ yú zhì néng jī qì rén de gōng néng

人，你理解了多少？你在奇思妙想环节记录的想法属于智能机器人的功能

ma　　xià miàn yòng　　hé　　lái diǎn píng yī xià ba　　wán chéng de huà　　méi wán chéng de huà　　tóng xué men

吗？下面用√和×来点评一下吧！完成的画√，没完成的画×，同学们

kě yǐ shì zhe zì jǐ píng jià hé hù xiāng píng jià

可以试着自己评价和互相评价。

| wǒ de xiǎo chéng jiù 我的小成就 | zì jǐ píng jià 自己评价 | hù xiāng píng jià 互相评价 |
| --- | --- | --- |
| gè zhì néng jī qì rén àn lì wǒ dōu néng kàn dǒng 3个智能机器人案例我都能看懂 | | — |
| wǒ néng gòu qū fēn zhì néng jī qì rén hé pǔ tōng jī qì rén 我能够区分智能机器人和普通机器人 | | — |
| wǒ hái néng zhǎo chū gèng duō de zhì néng jī qì rén àn lì 我还能找出更多的智能机器人案例 | | — |
| wǒ de xiǎng fǎ shì fǒu shǔ yú zhì néng jī qì rén de gōng néng 我的想法是否属于智能机器人的功能 | — | |

## AI 爱创新

有时去面馆吃面时，我们能够看到后厨有机器人在削面。机器人的机械臂按照一定的频率挥舞，机械臂上的刀就能够将面团削成一条一条的面条，非常高效。请你思考一下，削面机器人是不是智能机器人？为什么？

## AI 课堂

由人工智能程序控制的机器人叫作智能机器人。智能机器人既可以直接接受人类控制，也可以按照预先设置的程序自行工作，可以应用于生产、建筑、服务等领域。

## 第三课　身边的人工智能

图图跟妈妈放学回到家中，刚坐下准备休息，家里的智能音箱就开始播放音乐，而且播放的音乐都是图图喜欢听的儿童歌曲。

第二天到学校，图图问 AI 小博士："智能音箱每天同一时间都会自动播放我喜欢听的音乐，它是怎么做到的呢？"

"智能音箱相当于是一个联网的音响，提前设置好，到了指定时间就可以按要求播放在线音乐。它只有这一个功能吗？"AI 小博士反问道。

"不是的，它的功能有很多，我比较常用的是用语音控制它切换歌曲、调节音量的大小。对了，我还能用语音控制它讲故事、背唐诗呢。"图图补充道。

"嗯，智能音箱的功能确实强大，它给我们的生活带来了很多乐趣，是我们身边的人工智能产品。像智能音箱这样的人工智能产品在我们身边还有很多。"AI 小博士总结道。

"原来人工智能离我们这么近！"

### cōng míng de dà nǎo
## 聪明的大脑

wǒ men shēn biān de rén gōng zhì néng yǒu nǎ xiē ne　　tā men dōu yìng yòng zài nǎ xiē lǐng yù ne
我们身边的人工智能有哪些呢？它们都应用在哪些领域呢？

### dà tiǎo zhàn
## AI 大挑战

cóng shēn biān zhǎo chū jǐ gè rén gōng zhì néng chǎn pǐn jìn xíng tǎo lùn
从身边找出几个人工智能产品进行讨论。

### zhǔn bèi hǎo le
## 准备好了

qiān bǐ　xiàng pí　shuǐ cǎi bǐ
铅笔、橡皮、水彩笔。

### qí sī miào xiǎng
## 奇思妙想

nǐ zài shēng huó zhōng yòng guò huò zhě jiàn guò rén gōng zhì néng chǎn pǐn ma　　tā men dōu yǒu nǎ xiē gōng néng ne　　kě
你在生活中用过或者见过人工智能产品吗？它们都有哪些功能呢？可
yǐ bǎ nǐ de xiǎng fǎ huà chū lái huò xiě chū lái
以把你的想法画出来或写出来。

| nǐ de xiǎng fǎ　huà chū lái<br>你的想法，画出来 | nǐ de xiǎng fǎ　xiě chū lái<br>你的想法，写出来 |
|---|---|
|  |  |

### dà xiǎn shēn shǒu
## 大显身手

jīng guò qián miàn de qí sī miào xiǎng huán jié　　tóng xué men jié hé shēng huó zhōng duì yī xiē rén gōng zhì néng chǎn pǐn de
经过前面的奇思妙想环节，同学们结合生活中对一些人工智能产品的

tǐ yàn jīng lì　duì shēn biān de rén gōng zhì néng yǒu le gèng shēn de lǐ jiě　wèi le ràng tóng xué men gèng hǎo de qū fēn
体验经历，对身边的人工智能有了更深的理解。为了让同学们更好地区分

zhè xiē rén gōng zhì néng jì shù fēn bié yìng yòng zài nǎ xiē lǐng yù　xiǎo bó shì zhǎo le jǐ gè diǎn xíng de àn lì　yǔ
这些人工智能技术分别应用在哪些领域，AI 小博士找了几个典型的案例，与

tóng xué men yī qǐ tǎo lùn　ràng wǒ men yī qǐ lái kàn kàn ba
同学们一起讨论。让我们一起来看看吧！

shēn biān de rén gōng zhì néng àn lì yī　cí diǎn bǐ
身边的人工智能案例一：词典笔

tóng xué men　yǒu shuí yòng guò cí diǎn bǐ ma　xiǎo bó shì wèn dào
"同学们，有谁用过词典笔吗？"AI 小博士问道。

wǒ yòng guò　wǒ gē ge shàng chū zhōng　tā yǒu yī zhī cí diǎn bǐ　tú tu dì yī gè
"我用过，我哥哥上初中，他有一支词典笔。"图图第一个

jǔ shǒu dá dào
举手答道。

tài hǎo le　tú tu gěi dà jiā jiè shào yī xià cí diǎn bǐ de gōng néng hǎo ma　AI
"太好了，图图给大家介绍一下词典笔的功能好吗？"AI

xiǎo bó shì jiē zhe shuō dào
小博士接着说道。

méi wèn tí　cí diǎn bǐ xiāng dāng yú diàn zǐ cí diǎn　zài yù dào bù huì de zì cí huò zhě yīng yǔ dān cí shí
"没问题，词典笔相当于电子词典，在遇到不会的字词或者英语单词时，

yòng cí diǎn bǐ sǎo yī sǎo jiù jiě jué le　tú tu jiè shào dào
用词典笔扫一扫就解决了。"图图介绍道。

cí diǎn bǐ chú le shí bié zì cí　jìn xíng fā yīn hé zài píng mù xiǎn shì jiě shì wài　tā hái
"词典笔除了识别字词、进行发音和在屏幕显示解释外，它还

yǒu qí tā de gōng néng ma　xiǎo bó shì jì xù wèn dào
有其他的功能吗？"AI 小博士继续问道。

cí diǎn bǐ de gōng néng kě qiáng dà le　tā jù yǒu zhōng yīng wén sǎo miáo fān yì　zhěng jù kuà
"词典笔的功能可强大了，它具有中英文扫描翻译、整句跨

háng fān yì　zì rán pīn dú　kǒu yǔ gēn dú hé zhì néng jiū cuò děng gōng néng　tú tu bǔ chōng dào
行翻译、自然拼读、口语跟读和智能纠错等功能。"图图补充道。

tú tu jiè shào de tài bàng le　cí diǎn bǐ jí hé le duō zhǒng rén gōng zhì néng jì shù　shì wǒ
"图图介绍得太棒了，词典笔集合了多种人工智能技术，是我

men shēn biān de rén gōng zhì néng chǎn pǐn　　cí diǎn bǐ shì rén gōng zhì néng zài jiào yù　yú lè děng lǐng yù de yìng yòng
们身边的人工智能 产品。词典笔是人工智能在教育、娱乐等领域的应用。"AI

xiǎo bó shì zǒng jié dào
小博士总结道。

shēn biān de rén gōng zhì néng àn lì èr　　zhì néng shǒu jī
身边的人工智能案例二：智能 手机

tóng xué men píng shí yòng jiā zhǎng de shǒu jī ma　　yī bān zuò xiē shén me ne　　　xiǎo
"同学们平时用家长 的手机吗？一般做些什么呢？"AI 小

bó shì wèn dào
博士问道。

ng　wǒ ài yòng mā ma de shǒu jī kàn shì pín　ǒu ěr wán wán yóu xì　　líng líng qiǎng
"嗯，我爱用妈妈的手机看视频，偶尔玩玩游戏。"灵灵抢

zhe dá dào
着答道。

xiàn zài de zhì néng shǒu jī zài shǐ yòng qián dōu xū yào jiě suǒ　nǐ měi cì dōu shì zhǎo mā
"现在的智能 手机在使用前都需要解锁，你每次都是找妈

ma jiě suǒ de ma　　　xiǎo bó shì jiē zhe wèn dào
妈解锁的吗？"AI 小博士接着问道。

bù shì de　　mā ma gēn wǒ shuō hǎo le　　wǒ měi tiān zài wán chéng xué xí rèn wù hòu kě yǐ shì dàng wán yī huì er
"不是的，妈妈跟我说好了，我每天在完成学习任务后可以适当玩一会儿

shǒu jī　　suǒ yǐ　　mā ma gěi wǒ shè zhì le mì mǎ　　zhǐ wén hé rén liǎn shí bié sān zhǒng jiě suǒ shǒu jī de fāng shì
手机。所以，妈妈给我设置了密码、指纹和人脸识别三 种 解锁手机的方式，

我自己就可以解锁手机。"灵灵补充道。

"那真不错。你最常用哪种方式解锁手机呢？"AI 小博士继续问道。

"指纹和人脸识别这两种方式是我比较常用的，我觉得这两样比较好玩，好厉害的样子，嘿嘿。"灵灵答道。

"是呀，指纹和人脸识别这两种方式在解锁手机时效果确实比较酷。智能手机也是我们身边的人工智能产品。智能手机里面的很多功能都用到了人工智能技术，是人工智能技术在通信、教育、娱乐等领域的应用。"AI 小博士总结道。

身边的人工智能案例三：AI 智能机器人

"小智，你上次说要给同学们展示其他的功能，你准备好了吗？"AI 小博士问道。

"我准备好了，今天给同学们展示我的自我学习功能，需要两位同学配合我，非常感谢大家！"小智答道。

"我来，我来……"同学们纷纷举手示意，非常踊跃。

"请图图和灵灵上前来，感谢其他同学。我现在要开始展示了。同学们注意看，我现在不调用名字数据库，要通过自我学习认出来哪位是图图，哪位是灵灵，将他们的名字显

示在我的显示屏上。"小智介绍道。

"好厉害，小智，快开始展示，我们迫不及待要看了……"

"刚刚我趁给大家说话的时间，分别给图图和灵灵拍了很多照片，并且分别进行了自我学习。现在请图图站在我的摄像头前面，同学们看显示屏上是不是显示图图的名字了？请灵灵站在我的摄像头前面，同学们看显示屏上是不是显示灵灵的名字了？"小智接着介绍道。

"看到了，看到了，小智太聪明了，我也要试试……"

"同学们，小智先展示到这里。"AI小博士适时地打断并进行总结。"小智是我们身边的人工智能机器人，它除了能够完成程序设定的任务外，还拥有自我学习功能，这样它就能够完成更复杂的任务。小智是人工智能技术在科研、教学、商业等领域的应用。"

## 我的小成就

同学们，这节课我们分享了3个身边的人工智能案例，关于身边的人工智能，你掌握了多少？你在奇思妙想环节记录的想法属于身边的人工智能吗？下面用√和×来点评一下吧！完成的画√，没完成的画×，同学们可以试着自己评价和互相评价。

| | zì jǐ píng jià | hù xiāng píng jià |
|---|---|---|
| wǒ de xiǎo chéng jiù<br>我的小 成 就 | 自己评价 | 互相 评价 |
| gè shēn biān de rén gōng zhì néng àn  lì  wǒ dōu néng kàn dǒng<br>3个身 边的人工智能案例我都能看懂 | | — |
| wǒ hái néng zhǎo chū gèng duō de shēn biān de  rén gōng zhì néng àn   lì<br>我还能 找出更多的身 边的人工智能案例 | | — |
| wǒ néng gòu shuō chū shēn biān de rén gōng zhì néng yìng yòng zài  nǎ  gè lǐng yù<br>我能 够说出身 边的人工智能应 用在哪个领域 | | — |
| wǒ de xiǎng fǎ shì fǒu shǔ yú shēnbiān de  rén gōng zhì néng<br>我的想法是否属于身边的人工智能 | — | |

## AI 爱 创 新
ài  chuàng  xīn

　　kāi chē jìn rù tíng chē chǎng shí　　rù kǒu chù de lán gǎn huì  zì dòng tái qǐ　　kāi chē cóng tíng chē chǎng chū lái shí
　　开车进入停车场 时，入口处的栏杆会自动抬起。开车从停车场出来时，
chū kǒu chù de lán gǎn bù huì zì dòng tái qǐ　　huì jiāng tíng chē fèi jīn é xiǎn shì zài píng mù shàng  dāng jià shǐ yuán zhī fù
出口处的栏杆不会自动抬起，会将停车费金额显示在屏幕上，当驾驶员支付
wán chéng hòu　lán gǎn huì zì dòng tái qǐ　　qǐng nǐ sī kǎo yī xià　　tíng chē chǎng zì dòng shōu fèi xì tǒng shì bù shì shēn
完成后，栏杆会自动抬起。请你思考一下，停车场自动收费系统是不是身
biān de rén gōng zhì néng　wèi shén me
边的人工智能？为什么？

## dì èr dān yuán
# 第二单元

### rén gōng zhì néng chū tǐ yàn
# 人工智能初体验

### xué xí mù biāo
## 学习目标

jīng lì jiǎn dān tú xíng xíng zhuàng fēn lèi de guò chéng zhǎng wò zhèng què de xíng zhuàng fēn lèi fāng fǎ
（1）经历简单图形形 状 分类的过程，掌握 正 确的形 状 分类方法。

tǐ yàn rén gōng zhì néng jì shù shí bié tú xíng xíng zhuàng de guò chéng zhǎng wò xíng zhuàng shí bié xiǎo zhù shǒu
（2）体验人工智能技术识别图形形 状 的过程，掌握形 状 识别小助手

shí bié tú xíng xíng zhuàng de jī běn fāng fǎ
识别图形形 状 的基本方法。

tǐ yàn rén gōng zhì néng jì shù shí bié yán sè de guò chéng zhǎng wò yán sè shí bié xiǎo zhù shǒu shí bié yán
（3）体验人工智能技术识别颜色的过程，掌握颜色识别小助手识别颜

sè de jī běn fāng fǎ
色的基本方法。

xiǎo bó shì zǒu jìn jiào shì     zhù yì dào tóng xué men zhèng wéi zhe yī zhāng qī qiǎo bǎn tú
AI 小博士走进教室，注意到同学们 正围着一 张 七巧板图

zhǐ zài zhēng chǎo     yǒu rén shuō zhè shì cháng fāng xíng     yǒu rén shuō zhè shì sān jiǎo xíng     yǒu rén shuō
纸在争 吵，有人说这是 长 方形，有人说这是三角形，有人说

zhè shì lù sè     yě yǒu rén shuō zhè shì lán sè……AI
这是绿色，也有人说这是蓝色……AI

xiǎo bó shì zǒu guò qù     fā xiàn dà jiā zài tǎo lùn tú zhǐ
小博士走过去，发现大家在讨论图纸

shàng de tú xíng shì shén me xíng zhuàng hé yán sè
上 的图形是什么形 状 和颜色。

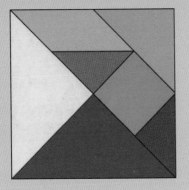

tóng xué men kàn dào     xiǎo bó shì zǒu guò lái     fēn fēn tí gāo le zì jǐ
同学们看到 AI 小博士走过来，纷纷提高了自己

de yīn liàng ràng     xiǎo bó shì píng pàn zì jǐ shuō de duì bù duì     xiǎo
的音量，让 AI 小博士评判自己说的对不对。AI 小

bó shì tīng le yī huì ér fā xiàn     yǒu de tóng xué shuō de duì     yǒu de tóng xué
博士听了一会儿发现，有的同学说的对，有的同学

说的不对，甚至有些同学对颜色不敏感，说的颜色很多都是错的。

AI 小博士不动声色，跟同学们说道，"请大家静一静，同学们非常棒，很多同学说的都是对的。其实除了人，人工智能技术也可以分辨形状和颜色，同学们可以借助人工智能技术来验证自己说的是对的还是错的。"

"太棒了！可是我们要如何使用人工智能技术来分辨形状和颜色呢？"图图问道。

"同学们别忘了我啊，我可是智能机器人，我就可以分辨形状和颜色。"小智走过来说道。

"小智小智，你是怎么做到的呢？"灵灵追着问道。

"因为我安装了神奇的法宝呀！"小智回答道。

在这个单元，伴随着图图、灵灵和小智的展示，我们一起来了解和体验一下可以分辨形状和颜色的神奇法宝吧！当然，在此之前，我们需要了解区分形状的方法。

# 第一课　找一找，有几种形状

AI 小博士从图图手中拿过图纸，仔细看了看，提醒大家，

"请大家仔细看一看，这个图纸上的图形有些是相同的，同学们能找到吗？"

"区分图形形状，要注意观察图形的特征部位，如这几个图形，可以从组成图形的顶点数、边数、角数和角度大小上着手。"AI 小博士补充道。

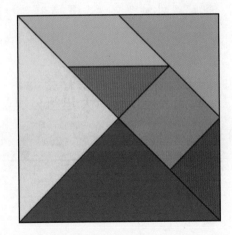

## 聪明的大脑

如何对图纸上的图形形状进行分类？

| fāng fǎ biān hào<br>方法编号 | fēn lèi biāo zhǔn<br>分类标准 | fēn lèi jié guǒ<br>分类结果 |
|---|---|---|
| 1 | gēn jù tú xíng yán sè fēn lèi<br>根据图形颜色分类 | |
| 2 | | |
| 3 | | |
| 4 | | |

### dà tiǎo zhàn
### AI 大挑战

zhǎo yī zhǎo    tú zhǐ shàng de tú xíng yǒu jǐ zhǒng xíng zhuàng  zǒng jié chū zhèng què de fēn lèi fāng fǎ
找一找，图纸上的图形有几种形状，总结出正确的分类方法。

### zhǔn bèi hǎo le
### 准备好了

qī qiǎo bǎn tú zhǐ    qiān bǐ    xiàng pí    shuǐ cǎi bǐ        zhǐ
七巧板图纸、铅笔、橡皮、水彩笔、A4 纸。

### qí sī miào xiǎng
### 奇思妙想

nǐ huì yòng shén me fāng fǎ duì tú zhǐ shàng de tú xíng xíng zhuàng jìn xíng fēn lèi ne    kě yǐ bǎ nǐ de fāng fǎ yǐ
你会用什么方法对图纸上的图形形状进行分类呢？可以把你的方法以
xiǎo shǒu chāo bào de xíng shì huà zài xià miàn de fāng kuàng zhōng
小手抄报的形式画在下面的方框中。

| wǒ de xiǎo shǒu chāo bào<br>我的小手抄报 | chuàng yì xiǎng fǎ<br>创意想法 |
|---|---|
| | |

## 大显身手
dà xiǎn shēn shǒu

### 1.实践案例
shí jiàn àn lì

通过找七巧板图纸上图形的关键特征，对图形形状进行分类。
tōng guò zhǎo qī qiǎo bǎn tú zhǐ shàng tú xíng de guān jiàn tè zhēng　duì tú xíng xíng zhuàng jìn xíng fēn lèi

| 形状编号 | 关键特征 | | | 图形形状 |
|---|---|---|---|---|
| xíng zhuàng biān hào | guān jiàn tè zhēng | | | tú xíng xíng zhuàng |
| 1 | gè dǐng diǎn　　tiáo biān　　gè jiǎo zǔ chéng de tú xíng<br>3个顶点、3条边、3个角组成的图形 | | | sān jiǎo xíng<br>三角形 |
| 2 | | | | |
| 3 | | | | |

### 2.实践流程图
shí jiàn liú chéng tú

| zǐ xì guān chá tú xíng<br>仔细观察图形 | → | zhǎo dào guān jiàn tè zhēng<br>找到关键特征 | → | tú xíng xíng zhuàng fēn lèi<br>图形形状分类 | → | biāo zhù<br>标注 |

### 3.探究过程
tàn jiū guò chéng

dì yī bù　　zǐ xì guān chá tú zhǐ shàng de tú xíng
第一步，仔细观察图纸上的图形。

dì èr bù　　xún zhǎo tú xíng shàng de guān jiàn tè zhēng
第二步，寻找图形上的关键特征。

xiǎo bó shì shǒu zhǐ zhe zhèng fāng xíng hé píng xíng sì biān xíng shuō dào　　　wǒ men kě yǐ
AI小博士手指着正方形和平行四边形说道，"我们可以

kàn kàn zhè liǎng gè tú xíng　　tā men de dǐng diǎn shù　　biān shù hé jiǎo shù shì yī yàng de　　dàn
看看这两个图形，它们的顶点数、边数和角数是一样的，但

是可以发现它们的角大小是不一样的，所以需要将它们分为两类形状。"

"按照这个方法区分图形形状真的很简单，我学会了！七巧板图纸上有1个正方形、1个平行四边形、5个三角形，一共有3种形状。"图图欢呼起来了。

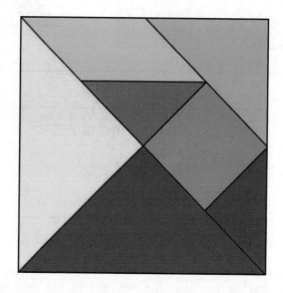

## 我的小成就

前面你用小手抄报的形式，记录了你进行图形分类的方法。下面请将你的小手抄报成果分享给大家吧！发现问题可以及时纠正。请同学帮你评价一下吧！方法正确的画√，方法错误的画× 并指出错误。

qǐngbāng wǒ píng jià yī xià
请帮我评价一下

## AI 爱 创 新

七巧板是一种古老的中国传统智力玩具，是由七块板组成的。这七块板可以拼成许多图形，如三角形、正方形、平行四边形、不规则多边形等。同学们，拼出来的图形是什么形状，你还能分辨出来吗？大家都试一试吧。

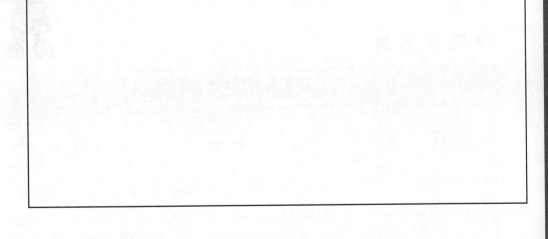

## 第二课　看一看，这是什么形 状

"小智小智，该你出 场 展示识别形 状 的功 能啦！"学习完如何区分图形的形 状 后，图图迫不及待地说道。

"没问题，请图图和灵灵两位同学配合我一起来操作。"小智回答道。

"在小智展示之前，我可以告诉同学们，小智安 装 的神奇的法宝是一款形 状 识别小助手。"AI 小博士提醒道。

### 聪 明 的 大 脑

请你想一想，形 状 识别小助手是如何识别图形形 状 的呢？

| 操作编号 | 操作步骤 |
|---|---|
| 1 | |
| 2 | |
| ⋮ | |

## AI 大挑战

应用形状识别小助手识别图形形状，整理完整的操作步骤。

## 准备好了

七巧板图纸、铅笔、水彩笔、A4纸、智能手机或平板计算机。

## 奇思妙想

你准备用什么步骤操作形状识别小助手来识别图形形状呢？ 可以把你的想法以小手抄报的形式画在下面的方框中。

| 我的小手抄报 | 创意想法 |
|---|---|
|  |  |

## 大显身手

### 1.实践案例

"请图图点击小智的屏幕，打开形状识别小助手，灵灵将七巧板图纸上准备识别的图形放在小智摄像头的拍摄区域。"AI小博士对图图和灵灵

shuō dào
说道。

qǐng tú tu diǎn jī xíng zhuàng shí bié xiǎo zhù shǒu xià fāng de pāi zhào shí bié àn niǔ zhè yàng
"请图图点击形 状 识别小助手下方的拍照识别按钮，这样

xiǎo zhì jiù néng shí bié xíng zhuàng le xiǎo bó shì jiē zhe shuō dào
小智就能识别形 状 了。"AI 小博士接着说道。

tú tu hé líng líng àn zhào xiǎo bó shì shuō de cāo zuò hěn kuài jiù tīng jiàn le xiǎo zhì de
图图和灵灵按照 AI 小博士说的操作，很快就听见了小智的

shēng yīn
声音。

zhèng fāng xíng sān jiǎo xíng píng xíng sì biān xíng
"正方形、三角形、平行四边形……"

shí jiàn liú chéng tú
2. 实践流程图

| dǎ kāi xíng zhuàng shí bié<br>打开形 状 识别<br>xiǎo zhù shǒu<br>小助手 | jiāng tú xíng fàng zài shè xiàng<br>将图形放在摄像<br>tóu de pāi shè qū yù<br>头的拍摄区域 | diǎn jī pāi zhào shí bié<br>点击拍照识别<br>àn niǔ<br>按钮 | chá kàn jié guǒ wán chéng xíng<br>查看结果，完成形<br>zhuàng shí bié<br>状 识别 |
|---|---|---|---|

tàn jiū guò chéng
3. 探究过 程

dì yī bù zài zhì néng shǒu jī huò píng bǎn jì suàn jī shàng ān zhuāng xíng zhuàng shí bié xiǎo zhù shǒu diǎn
第一步，在智能 手机或平板计算机上安 装 形 状 识别小助手App。点

jī xíng zhuàng shí bié xiǎo zhù shǒu tú biāo dǎ kāi yìng yòng chéng xù
击形 状 识别小助手App 图标，打开应用 程 序。

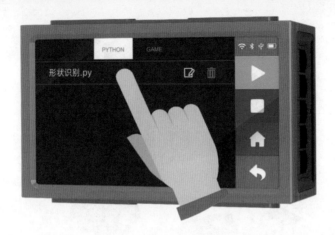

dì èr bù　　jiāng yào shí bié de tú xíng fàng zài zhì néng shǒu jī huò zhě píng bǎn jì suàn jī shè xiàng tóu de pāi shè

第二步，将要识别的图形放在智能 手机或者平板计算机摄像头的拍摄

qū yù

区域。

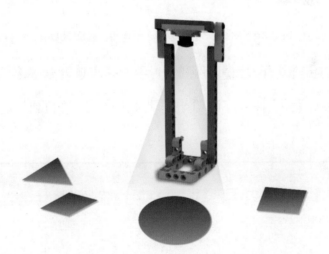

dì sān bù　　diǎn jī xíng zhuàng shí bié xiǎo zhù shǒu xià fāng de pāi zhào shí bié àn niǔ

第三步，点击形 状 识别小助手下方的拍照识别按钮。

dì sì bù　　xíng zhuàng shí bié xiǎo zhù shǒu xiǎn shì xíng zhuàng de míng chēng　　wán chéng xíng zhuàng shí bié rèn wù

第四步，形 状 识别小助手显示形 状 的名称，完成形 状 识别任务。

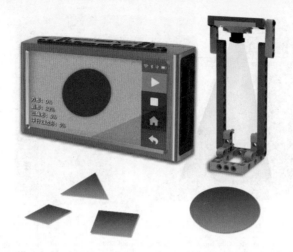

wǒ de xiǎo chéng jiù
## 我 的 小 成 就

qián miàn nǐ yòng xiǎo shǒu chāo bào de xíng shì　　jì lù le nǐ zhǔn bèi yòng lái cāo zuò xíng zhuàng shí bié xiǎo zhù shǒu shí
前 面你用小手抄报的形式，记录了你准备用来操作形 状 识别小助手识

bié tú xíng xíng zhuàng de bù zhòu　　xià miàn qǐng jiāng nǐ de xiǎo shǒu chāo bào chéng guǒ fēn xiǎng gěi dà jiā ba　　　fā xiàn wèn
别图形形 状 的步骤。下面请 将你的小手抄报成 果分享给大家吧！发现问

tí kě yǐ jí shí jiū zhèng　　qǐng tóng xué bāng nǐ píng jià yī xià ba　　bù zhòuzhèng què de huà　　　　bù zhòu cuò wù de huà
题可以及时纠正。请同学帮你评价一下吧！步骤 正 确的画✓，步骤错误的画

bìng zhǐ chū cuò wù
✕ 并指出错误。

| | qǐng bāng wǒ píng jià yī xià<br>请 帮我评价一下 |
|---|---|
| | |

## AI 爱 创 新

ài chuàng xīn

nǐ néng yìng yòng xíng zhuàng shí bié xiǎo zhù shǒu biàn rèn yī xià nǐ kàn dào de qí tā tú xíng ma tā néng zhèng què

你能应用形 状 识别小助手辨认一下你看到的其他图形吗? 它能 正 确

shí bié tú xíng xíng zhuàng ma qǐng jiāng nǐ de cāo zuò guò chéng huà chū lái huò zhě xiě chū lái ba

识别图形形 状 吗? 请 将你的操作过 程 画出来或者写出来吧!

# 第三课　辨一辨，这是什么颜色

图图和灵灵体验完小智的图形形状识别功能后都意犹未尽，齐声向小智说道，"小智小智，你不是说你还具有识别颜色的功能吗？我们可以体验一下吗？"

"当然没问题，这个功能同样需要图图和灵灵配合我哦。"小智回答道。

"小智能够识别颜色，是因为小智安装了另一个神奇的法宝，它就是颜色识别小助手。"AI 小博士再次提醒道。

## 聪明的大脑

请你想一想，颜色识别小助手是如何识别图形颜色的呢？

| 操作编号 | 操作步骤 |
|---|---|
| 1 | |
| 2 | |
| ⋮ | |

## AI 大挑战

应用颜色识别小助手识别图形颜色，整理完整的操作步骤。

## 准备好了

七巧板图纸、铅笔、水彩笔、A4 纸、智能手机或平板计算机。

## 奇思妙想

你准备用什么步骤操作颜色识别小助手来识别图形颜色呢？可以把你的想法以小手抄报的形式画在下面的方框中。

| 我的小手抄报 | 创意想法 |
|---|---|
|  |  |

## 大显身手

### 1. 实践案例

"请图图点击小智的屏幕，打开颜色识别小助手，灵灵将七巧板图纸上准备

shí bié de tú xíng fàng zài xiǎo zhì shè xiàng tóu de pāi shè qū yù
识别的图形放在小智摄像头的拍摄区域。"AI 小博士对着图图和

líng líng shuō dào
灵灵说道。

qǐng tú tu diǎn jī yán sè shí bié xiǎo zhù shǒu xià fāng de pāi zhào shí bié àn niǔ zhè yàng xiǎo
"请图图点击颜色识别小助手下方的拍照识别按钮，这样小

zhì jiù néng shí bié yán sè le xiǎo bó shì jiē zhe shuō dào
智就能识别颜色了。"AI 小博士接着说道。

tú tu hé líng líng àn zhào xiǎo bó shì shuō de cāo zuò hěn kuài jiù tīng jiàn le xiǎo zhì de shēng yīn
图图和灵灵按照 AI 小博士说的操作，很快就听见了小智的声音。

hóng sè lǜ sè lán sè
"红色、绿色、蓝色……"

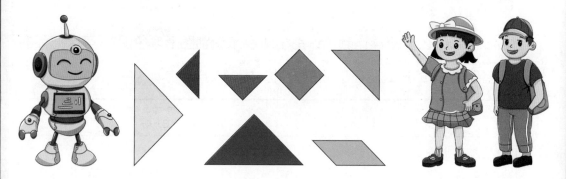

shí jiàn liú chéng tú
2. 实践流程图

| dǎ kāi yán sè shí bié xiǎo 打开颜色识别小<br>zhù shǒu 助手 | jiāng tú xíng fàng zài shè xiàng 将图形放在摄像<br>tóu de pāi shè qū yù 头的拍摄区域 | diǎn jī pāi zhào shí bié 点击拍照识别<br>àn niǔ 按钮 | chá kàn jié guǒ wán chéng yán 查看结果，完成颜<br>sè shí bié 色识别 |
|---|---|---|---|

tàn jiū guò chéng
3. 探究过程

dì yī bù zài zhì néng shǒu jī huò píng bǎn jì suàn jī shàng ān zhuāng yán sè shí bié xiǎo zhù shǒu diǎn jī yán
第一步，在智能手机或平板计算机上安装颜色识别小助手 App。点击颜

sè shí bié xiǎo zhù shǒu tú biāo dǎ kāi yìng yòng chéng xù
色识别小助手 App 图标，打开应用程序。

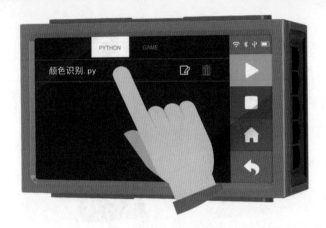

dì èr bù　jiāng yào shí bié de tú xíng fàng zài zhì néng shǒu jī huò zhě píng bǎn jì suàn jī shè xiàng tóu de pāi shè qū yù
第二步，将要识别的图形放在智能 手机或者平板计算机摄像头的拍摄区域。

dì sān bù　diǎn jī yán sè shí bié xiǎo zhù shǒu xià fāng de pāi zhào shí bié àn niǔ
第三步，点击颜色识别小助手下方的拍照识别按钮。

dì sì bù　yán sè shí bié xiǎo zhù shǒu xiǎn shì tú xíng yán sè de míng chēng　wán chéng yán sè shí bié rèn wù
第四步，颜色识别小助手 显示图形颜色的名 称，完 成 颜色识别任务。

wǒ de xiǎo chéng jiù
## 我 的 小 成 就

qián miàn nǐ yòng xiǎo shǒu chāo bào de xíng shì        jì lù le nǐ zhǔn bèi yòng lái cāo zuò yán sè shí bié xiǎo zhù shǒu shí bié
前 面你用 小手 抄报 的形式，记录了你准备用来操作颜色识别小助手识别

tú xíng yán sè de bù zhòu    xià miàn qǐng jiāng nǐ de xiǎo shǒu chāo bào chéng guǒ fēn xiǎng gěi dà jiā ba      fā xiàn wèn tí kě
图形颜色的步骤。下面请将你的小手 抄报 成果分享给大家吧！发现问题可

yǐ jí shí jiū zhèng    qǐng tóng xué bāng nǐ píng jià yī xià ba        bù zhòu zhèng què de huà            bù zhòu cuò wù de huà
以及时纠正。请同学帮你评价一下吧！步骤 正确的画√，步骤错误的画 ✕

bìng zhǐ chū cuò wù
并指出错误。

| | qǐng bāng wǒ píng jià yī xià<br>请 帮我评价一下 |
|---|---|
| | |

## AI 爱 创 新

nǐ néng yìng yòng yán sè shí bié xiǎo zhù shǒu biàn rèn yī xià nǐ kàn dào de qí tā wù pǐn de yán sè ma　tā néng
你能应用颜色识别小助手辨认一下你看到的其他物品的颜色吗？它能

zhèng què shí bié wù pǐn yán sè ma　　qǐng jiāng nǐ de cāo zuò guò chéng huà chū lái huò zhě xiě chū lái ba
正确识别物品颜色吗？请将你的操作过程画出来或者写出来吧！

# 第三单元

zhè shì shuí de liǎn
## 这是谁的脸

xué xí mù biāo
### 学习目标

---

liǎo jiě rén liǎn de tè zhēng zhǎng wò huà rén liǎn de fāng fǎ
（1）了解人脸的特征，掌握画人脸的方法。

liǎo jiě rén liǎn shí bié jì shù de yuán lǐ
（2）了解人脸识别技术的原理。

tǐ yàn rén liǎn sōu suǒ jì shù　　sī kǎo rén liǎn sōu suǒ de yuán lǐ
（3）体验人脸搜索技术，思考人脸搜索的原理。

liǎo jiě shēn biān de rén gōng zhì néng　néng jǔ lì zi shuō yī shuō shēn biān de rén liǎn shí bié jì shù yǔ yìng
（4）了解身边的人工智能，能举例子说一说身边的人脸识别技术与应

yòng tǐ huì zhè xiàng jì shù de yōu diǎn hé quē diǎn
用，体会这项技术的优点和缺点。

---

xué xiào mén kǒu xīn ān zhuāng de zhá jī hǎo zhì néng ya kào jìn sǎo yī
"学校门口新安装的闸机好智能呀，靠近扫一

xià jiù dǎ kāi mén ràng wǒ jìn le ne tú tú zǒu jìn jiào shì jiù xìng chōng chōng
下就打开门让我进了呢？"图图走进教室就兴冲冲

de shuō dào
地说道。

shì ya wǒ jìn lái de shí hòu yě tǐ yàn le bǐ yǐ qián shuā kǎ gèng
"是呀，我进来的时候也体验了，比以前刷卡更

jiā fāng biàn le zhè shì shén me yuán lǐ ne líng líng huí yìng dào
加方便了，这是什么原理呢？"灵灵回应道。

zhè shì rén liǎn shí bié jì shù tōng guò shè xiàng tóu pāi shè rén liǎn jìn xíng zhì néng shí bié rán hòu yǔ shù jù
"这是人脸识别技术，通过摄像头拍摄人脸，进行智能识别。然后与数据

kù zhōng de zhào piàn jìn xíng bǐ duì shù jù kù zhōng yǒu zhè gè rén jiù dǎ kāi mén rú guǒ shù jù kù zhōng méi yǒu zhè
库中的照片进行比对，数据库中有这个人就打开门，如果数据库中没有这

gè rén jiù bù huì dǎ kāi mén xiǎo bó shì huí dá dào
个人就不会打开门。"AI 小博士回答道。

"原来是这样，难怪门口保安叔叔让我把脸靠近闸机摄像头，这样闸机才能认出来是我呀！"图图接着说道。

"是的，人脸识别技术也属于人工智能技术，它的应用很广泛，多用在对安全性要求比较高的场合。小智之所以能够一一叫出大家的名字，其实也是使用了人脸识别技术。"AI 小博士总结道。

"太棒了，这样校园就更加安全了。"

"人脸识别技术是如何识别人脸的呢？"

这个单元通过画人脸了解人脸特征，判断识别人脸和体验人脸搜索，在体验和游戏中感受人脸识别技术，激发好奇心，培养兴趣，在体验中思考人脸识别技术背后的原理。

# 第一课 画一画人脸
dì yī kè  huà yī huà rén liǎn

yī gè bí zi yī zhāng zuǐ
一个鼻子一张嘴，

liǎng zhī yǎn jing liǎng dào wān
两只眼睛两道弯，

yī gè píng guǒ fēn liǎng bàn
一个苹果分两半，

guà zài liǎng biān dà yòu yuán
挂在两边大又圆。

tóng xué men  cāi yī cāi  zhè gè mí yǔ de mí dǐ shì shén me ne  xiǎo bó shì
"同学们，猜一猜，这个谜语的谜底是什么呢？"AI 小博士

wèn dào
问道。

rén liǎn  shì rén liǎn  tú tu dì yī gè jǔ shǒu dá dào
"人脸、是人脸……"图图第一个举手答道。

tú tu cāi de duì  mí dǐ jiù shì wǒ men rén de liǎn  tóng xué men  nǐ yǒu méi yǒu zǐ
"图图猜得对，谜底就是我们人的脸。同学们，你有没有仔

xì guān chá guò nǐ de liǎn  nǐ de liǎn shì yóu nǎ xiē bù fen zǔ chéng de  zhè xiē zǔ chéng bù fen
细观察过你的脸？你的脸是由哪些部分组成的？这些组成部分

zhī jiān yǒu shén me guān xì ne
之间有什么关系呢？"

rén liǎn shǒu xiān yǒu yī gè wài xíng  yě jiù shì lún kuò  lún kuò lǐ miàn cóng shàng dào xià yóu
"人脸首先有一个外形，也就是轮廓，轮廓里面从上到下由

méi mao  yǎn jing  bí zi  ěr duo  zuǐ ba zhè wǔ gè jù tǐ de qì guān gòu chéng  rén liǎn shàng
眉毛、眼睛、鼻子、耳朵、嘴巴这五个具体的器官构成，人脸上

de qì guān cóng zuǒ wǎng yòu kàn  zuǒ yòu liǎng biān shì duì chèn de  xiǎo bó shì zǒng jié dào
的器官从左往右看，左右两边是对称的。"AI 小博士总结道。

xià miàn  ràng wǒ men yī qǐ lái huà yī huà rén liǎn ba
下面，让我们一起来画一画人脸吧！

## 聪明的大脑

你会画人脸吗？人脸由哪些部分组成？人脸的组成部分之间有什么关系？

## AI 大挑战

任务一：根据你对人脸的观察，画一画人脸。

任务二：比一比，看看哪两位同学画的人脸最准确。

## 准备好了

绘画纸、铅笔、橡皮、直尺。

## 奇思妙想

你用什么步骤画人脸呢？可以把你绘画的顺序标示出来。

| rén liǎn de jǐ běn gòu chéng 人脸的基本构成 | | qīng àn zhào nǐ huì huà de xiān hòu shùn xù   bǎ shùn xù 请按照你绘画的先后顺序，把顺序 yòng shù zì biāo shì chū lái 用数字标示出来 |
|---|---|---|
|  | ① lún kuò 轮廓  ② méi mao 眉毛  ③ yǎn jing 眼睛  ④ bí zi 鼻子  ⑤ ěr duo 耳朵  ⑥ zuǐ ba 嘴巴 | |

### dà xiǎn shēn shǒu
## 大 显 身 手

#### shù zì lián xiàn
### 1. 数字连线

tóng xué men    zǐ xì guān chá xià miàn de tú xíng    àn zhào cóng xiǎo dào dà de shùn xù bǎ tú piàn shàng miàn de shù
"同学们，仔细观察下面的图形，按照从小到大的顺序把图片上面的数

zì lián qǐ lái    nǐ fā xiàn shén me le ma    xiǎo bó shì wèn dào
字连起来，你发现什么了吗？" AI 小博士问道。

lián qǐ lái de tú xíng xiàng rén liǎn    líng líng qiǎng zhe dá dào
"连起来的图形像人脸。"灵灵抢着答道。

fēi cháng hǎo　　zhè zhǒng fāng shì shì bù shì néng gěi tóng xué men huà rén liǎn yì xiē qǐ shì ne　　　xiǎo bó shì

"非常好，这种 方式是不是能给同学们画人脸一些启示呢？"AI 小博士

jiē zhe shuō dào

接着说道。

kàn tú bǔ chōng huà rén liǎn

## 2. 看图补充 画人脸

xià tú shì yì zhāng liǎn pǔ　　tā de yòu biān bèi bái zhǐ zhē dǎng zhù le　　　nǐ néng gēn jù zuǒ biān de tú xíng huà chū

下图是一张 脸谱，它的右边被白纸遮挡住了，你能根据左边的图形画出

yòu biān de tú xíng ma　　qǐng sī kǎo　　zěn me zuò cái néng huà de gèng zhǔn què

右边的图形吗？请思考：怎么做才能 画得更 准确？

xià tú shì bàn biān rén liǎn　　　nǐ néng gēn jù rén liǎn de tè zhēng　　zài zuǒ biān kòng bái chù　　yòng diǎn jiāng zuǒ biān bèi

下图是半边人脸，你能根据人脸的特征，在左边 空白处，用点将左边被

zhē zhù de méi mao　　yǎn jing　　bí zi　　ěr duo hé zuǐ ba de wèi zhì gèng zhǔn què de biāo zhù chū lái ma　　　shuō yì shuō

遮住的眉毛、眼睛、鼻子、耳朵和嘴巴的位置更 准确地标注出来吗？说一说

nǐ shì zěn me zuò dào de

你是怎么做到的。

### 3.读短文，画人脸
dú duǎn wén  huà rén liǎn

在奇思妙想环节，我们思考了人脸的画法，下面请你拿起绘画纸和铅笔，根据下文的描述，在空白框内画一张人脸吧！注意人脸的构成元素，以及每个部分在人脸上的位置。

"小宝是一个快乐的小男孩，他的脸圆圆的，像个大苹果。他浓眉大眼，鼻子高高的，鼻子的高度跟两个眉毛的宽度差不多。他的两只眼睛一只大，一只小，左边的眼睛大，右边的眼睛小。他的嘴巴和鼻子的距离刚好一个拇指那么宽，嘟嘟的小嘴很可爱，笑起来像个小太阳。"

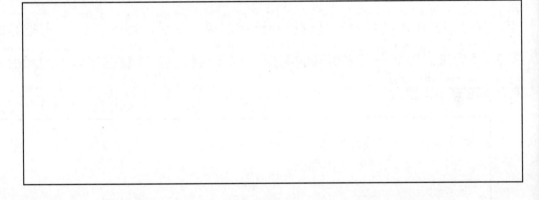

### 我的小成就
wǒ de xiǎo chéng jiù

同学们，这节课我们了解了人脸的特征，并动手画了画人脸，你对人脸是不是有了更深入的了解呢？下面用☆给自己点评一下吧！完成的就可以自己画☆。

| xiǎo chéng jiù 小 成 就 | nǐ zuò dào le ma 你做到了吗 |
|---|---|
| wǒ zhī dào rén liǎn de gòu chéng yuán sù yǐ jí tā men zài liǎn shàng de wèi zhì 我知道人脸的构 成 元素以及它们在脸上 的位置 | |
| wǒ huì huà rén liǎn 我会画人脸 | |
| wǒ néng zhǔn què zhǎo dào rén liǎn gè gè zǔ chéng bù fen de wèi zhì 我能 准确找到人脸各个组成部分的位置 | |

### ài chuàng xīn
## AI 爱 创 新

　　zài nǐ huà de rén liǎn shàng， àn zhào cóng shàng dào xià， cóng zuǒ dào yòu de shùn xù， zài é tóu， méi mao（zuǒ、
在你画的人脸上，按照从 上到下、从左到右的顺序，在额头、眉毛（左、

yòu gè yī gè） yǎn jing（zuǒ、 yòu gè yī gè）、 bí zi、 zuǐ ba hé xià ba de zhōng xīn wèi zhì gòng huà chū　gè
右各一个）、眼睛（左、右各一个）、鼻子、嘴巴和下巴的 中 心位置共画出 8 个

diǎn， bìng jiè zhù zhí chǐ yī cì yòng zhí xiàn bǎ zhè xiē diǎn lián jiē qǐ lái， zuì hòu， yòng yī gè chángfāng xíng bǎ liǎn de
点，并借助直尺依次用直线把这些点连接起来，最后，用一个 长 方形把脸的

lún kuò kuàng qǐ lái。 guān chá yī xià nǐ dé dào de tú xíng， yǒu shén me tè diǎn？ shì zhe bǎ nǐ dé dào de tú xíng huà
轮廓 框 起来。观察一下你得到的图形，有什么特点？试着把你得到的图形画

zài xià miàn de fāng kuàng lǐ。
在下面的方 框 里。

yán zhe zhí chǐ bǎ liǎng gè diǎn yòng bǐ lián jiē qǐ lái jiù néng huà chū yī tiáo xiàn duàn    rú guǒ bǎ rén liǎn é tóu zhōng
沿着直尺把两个点用笔连接起来就能画出一条线段，如果把人脸额头 中

xīn wèi zhì de diǎn biāo hóng    nǐ néng shù yī shù xià tú zhōng cóng hóng diǎn chū fā yǒu jǐ tiáo xiàn duàn ma
心位置的点标红，你能数一数下图中 从 红 点出发有几条线 段吗?

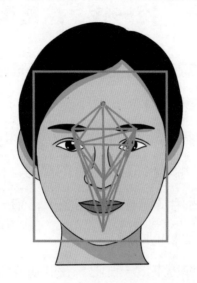

# 第二课　找一找，这是谁的脸

AI 小博士看到一本有意思的书，书的名字叫《谁藏起来了》，便想拿书上的游戏考一考图图。

"图图，猜猜看，这是谁的眼睛？"AI 小博士说道。

AI 小博士和图图约定了游戏的规则，看左边的图形 10 秒，然后用纸遮住左边的图形，猜一猜右边图形分别是哪个动物的眼睛。

同学们，你也来试一试吧！看谁猜中的多。

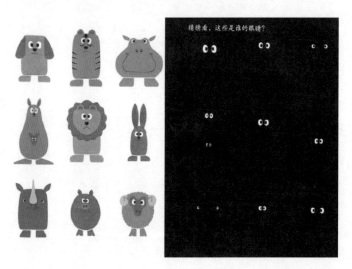

## 聪明的大脑
cōng míng de dà nǎo

你能在众多图片中找出人脸吗？人工智能是如何进行人脸识别的呢？
nǐ néng zài zhòng duō tú piàn zhōng zhǎo chū rén liǎn ma　rén gōng zhì néng shì rú hé jìn xíng rén liǎn shí bié de ne

## AI 大挑战
dà tiǎo zhàn

rèn wù yī　gēn jù tí shì zhǎo chū rén liǎn　tǐ yàn rén liǎn shí bié
任务一：根据提示找出人脸，体验人脸识别。

rèn wù èr　sī kǎo rén gōng zhì néng shì rú hé jìn xíng rén liǎn shí bié de
任务二：思考人工智能是如何进行人脸识别的。

## 准备好了
zhǔn bèi hǎo le

hui huà zhǐ　qiān bǐ　xiàng pí　zhí chǐ
绘画纸、铅笔、橡皮、直尺。

## 奇思妙想
qí sī miào xiǎng

nǐ jué de rén gōng zhì néng shí bié rén liǎn yào jīng guò nǎ xiē bù zhòu　kě yǐ bǎ nǐ de xiǎng fǎ yǐ xiǎo shǒu chāo bào
你觉得人工智能识别人脸要经过哪些步骤？可以把你的想法以小手抄报
de xíng shì huà chū lái huò zhě xiě xià lái
的形式画出来或者写下来。

| wǒ de xiǎo shǒu chāo bào<br>我的小手抄报 | chuàng yì xiǎng fǎ<br>创意想法 |
| --- | --- |
| | |

dà xiǎn shēn shǒu
## 大显身手

kàn tú shí rén liǎn
### 1. 看图识人脸

xiǎo bāng shì yī gè    suì de xiǎo nán hái    gēn jù rén liǎn de tè zhēng    yǐ xià tú piàn zhōng nǎ gè zuì jiē jìn xiǎo
小邦是一个 3 岁的小男孩，根据人脸的特征，以下图片 中哪个最接近小

bāng de liǎn    qǐng nǐ yòng    quān chū lái    shuō yī shuō wèi shén me
邦的脸，请你用○圈出来。说一说为什么。

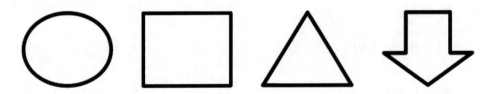

xiǎo bǎo shì yī gè    suì de xiǎo nán hái    yǐ xià zhòng duō zhào piàn zhōng    nǎ zhāng zuì kě néng shì xiǎo bǎo    qǐng
小宝是一个 7 岁的小男孩，以下众多照片中，哪张 最可能是小宝，请

nǐ yòng    quān chū lái    shuō yī shuō nǐ de lǐ yóu
你用○圈出来。说一说你的理由。

bǐ yī bǐ　liǎng zhāng rén liǎn de xiāng sì dù
## 2. 比一比，两张人脸的相似度

xià miàn de liǎng zhāng zhào piàn　nǐ jué de tā men shì tóng yī gè rén ma　wèi shén me
下面的两张照片，你觉得他们是同一个人吗？为什么？

qǐng yòng　zhōng de yī gè shù zì lái miáo shù zhè liǎng zhāng zhào piàn zhōng rén liǎn de xiāng sì dù
请用0~10中的一个数字来描述这两张照片中人脸的相似度。

xià miàn liǎng zhāng zhào piàn　nǐ jué de tā men shì tóng yī gè rén ma　wèi shén me
下面两张照片，你觉得他们是同一个人吗？为什么？

qǐng yòng　zhōng de yī gè shù zì lái miáo shù zhè liǎng zhāng zhào piàn zhōng rén liǎn de xiāng sì dù
请用0~10中的一个数字来描述这两张照片中人脸的相似度。

### xún zhǎo rén liǎn de tè zhēng
### 3. 寻找人脸的特征

qǐng xún zhǎo xià miàn zhào piàn zhōng rén liǎn de tè zhēng  nǐ kě yǐ cóng nián líng  xìng bié  xīn qíng  guó jí děng
请寻找下面照片中人脸的特征，你可以从年龄、性别、心情、国籍等

fāng miàn sī kǎo  shuō yì shuō wèi shén me
方面思考。说一说为什么。

wǒ de xiǎo chéng jiù
## 我的小成就

tóng xué men  zhè jié kè wǒ men xué xí le rú hé shí bié rén liǎn  xià miàn yòng  gěi zì jǐ diǎn píng yí xià
同学们，这节课我们学习了如何识别人脸。下面用☆给自己点评一下

ba  wán chéng de jiù kě yǐ zì jǐ huà
吧！完成的就可以自己画☆。

| xiǎo chéng jiù<br>小 成 就 | nǐ zuò dào le ma<br>你做到了吗 |
|---|---|
| wǒ néng cóng zhòng duō zhào piàn zhōng zhǎo chū zuì xiàng rèn wù yāo qiú de<br>我能从众多照片中找出最像任务要求的<br>yì zhāng rén liǎn zhào piàn<br>一张人脸照片 | |
| wǒ néng fēn biàn chū liǎng zhāng rén liǎn zhào piàn shì bù shì tóng yí gè rén<br>我能分辨出两张人脸照片是不是同一个人 | |
| wǒ néng gēn jù zhào piàn chū bù xún zhǎo chū rén liǎn de tè zhēng<br>我能根据照片初步寻找出人脸的特征 | |

## AI 爱 创 新
ài chuàng xīn

　　wǒ men kě yǐ cóng zhào piàn zhōng xún zhǎo chū rén liǎn de tè zhēng nà me rén gōng zhì néng néng bù néng cóng zhào piàn
我们可以从照片中寻找出人脸的特征，那么人工智能能不能从照片
zhōng tí qǔ rén liǎn de tè zhēng ne shì zhe bǎ nǐ de xiǎng fǎ xiě xià lái
中提取人脸的特征呢? 试着把你的想法写下来。

dì sān kè　　sōu yī sōu　　shuí zuì xiàng

# 第三课　搜一搜，谁最像

图图最近迷上了《西游记》，爱看西游记连环画。这一天，他看到《真假美猴王》的故事，故事中就连神通广大的观音菩萨都分不清真假美猴王，他也跟着着急。

图图找到 AI 小博士，问道，"AI 小博士，你有没有办法分清真假美猴王呢？"

AI 小博士答道，"这个问题我没有想过，不过我有办法找到长得几乎一模一样的两张人脸。

图图问道，"能不能找到跟我长得一模一样的人脸呢？"

AI 小博士说道，"这个不一定，不过我敢保证，找到的人脸一定跟你很像。"

图图接着问道，"这也太神奇了，用什么技术可以做到呢？"

AI 小博士说道，"人脸搜索技术，我们一起来体验一下吧。"

图图说道，"我已经迫不及待了。"

同学们，接下来跟着 AI 小博士和图图一起，找一找和你最像的人吧！

## 聪明的大脑
cōng míng de dà nǎo

rén liǎn sōu suǒ jì shù shì rú hé jìn xíng rén liǎn sōu suǒ de ne
人脸搜索技术是如何进行人脸搜索的呢?

## AI 大挑战
dà tiǎo zhàn

rèn wù yī tǐ yàn rén liǎn sōu suǒ jì shù
任务一：体验人脸搜索技术。

rèn wù èr sī kǎo rén liǎn sōu suǒ jì shù shì rú hé sōu suǒ rén liǎn de
任务二：思考人脸搜索技术是如何搜索人脸的。

## 准备好了
zhǔn bèi hǎo le

huì huà zhǐ qiān bǐ xiàng pí zhí chǐ zhì néng shǒu jī huò zhě píng bǎn jì suàn jī
绘画纸、铅笔、橡皮、直尺、智能 手机或者平板计算机。

## 奇思妙想
qí sī miào xiǎng

nǐ jué de rén gōng zhì néng shì rú hé jìn xíng rén liǎn sōu suǒ de ne kě yǐ bǎ nǐ de xiǎng fǎ yǐ xiǎo shǒu chāo bào
你觉得人工智能是如何进行人脸搜索的呢? 可以把你的想法以小手 抄报

de xíng shì huà chū lái huò zhě xiě xià lái
的形式画出来或者写下来。

| 我的小手抄报<br>wǒ de xiǎo shǒu chāo bào | 创 意 想 法<br>chuàng yì xiǎng fǎ |
|---|---|
|  |  |

## 大 显 身 手
dà xiǎn shēn shǒu

### 1. 实践案例
shí jiàn àn lì

"请图图拿出智能 手机或者平板计算机，打开浏
览器，输入关键词'人脸搜索'，找到人脸搜索网 站。"AI
小博士对着图图说道。

"打开人脸搜索网 站，点击'以图搜图'图标，
选择要搜索的人脸图片上 传，这时候应该会有很多
图片显示出来，选择最像的一张图片就可以了。"AI 小博士补 充道。

图图按照 AI 小博士说的操作完，就看到了很多张与上 传 人脸图片相
像的图片，其中有几张特别像的图片，完 成了人脸搜索过程。

shí jiàn liú chéng tú
## 2.实践流程图

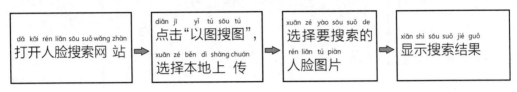

打开人脸搜索网站 ➡ 点击"以图搜图"，选择本地上传 ➡ 选择要搜索的人脸图片 ➡ 显示搜索结果

shí jiàn bù zhòu
## 3.实践步骤

dì yī bù　　dǎ kāi rén liǎn sōu suǒ wǎng zhàn
第一步，打开人脸搜索网站。

dì èr bù　　diǎn jǐ sōu suǒ kuàng hòu miàn de　　yǐ tú sōu tú　　tú biāo　zài diǎn jǐ　shàng chuán yī zhāng tú
第二步，点击搜索框后面的"以图搜图"图标，再点击"上传一张图

piàn　àn niǔ
片"按钮。

dì sān bù　　zài dǎ kāi de wén jiàn jiā　lǐ xuǎn zé yào sōu suǒ de rén liǎn tú piàn　diǎn jǐ shàng chuán tú piàn
第三步，在打开的文件夹里选择要搜索的人脸图片，点击上传图片。

dì sì bù　　xiǎn shì tú piàn sōu suǒ jié guǒ
第四步，显示图片搜索结果。

xià tú shì sūn wù kōng de sōu suǒ jié guǒ
下图是孙悟空的搜索结果，页面 中 显示孙悟空图片的相 关信息和来源
yè miàn zhōng xiǎn shì sūn wù kōng tú piàn de xiāng guān xìn xī hé lái yuán

wǎng zhàn
网 站。

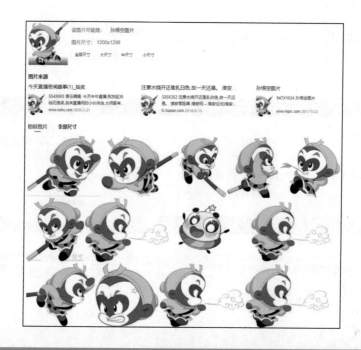

### wǒ de xiǎo chéng jiù
## 我的小成就

tóng xué men　　　běn dān yuán wǒ men liǎo jiě　le shén me shì rén liǎn sōu suǒ　　tǐ yàn le rén liǎn sōu suǒ jì shù　　nǐ duì
同学们，本单元我们了解了什么是人脸搜索，体验了人脸搜索技术，你对

rén liǎn sōu suǒ shì bù shì yǒu gèng shēn rù de liǎo jiě　xià miàn yòng　　gěi zì jǐ diǎn píng yī xià ba　　wán chéng de jiù
人脸搜索是不是有更 深入的了解？下面用☆给自己点评一下吧！完成的就

kě yǐ zì jǐ huà
可以自己画☆。

| xiǎo chéng jiù<br>小 成 就 | nǐ zuò dào le ma<br>你做到了吗 |
|---|---|
| wǒ zhī dào shén me shì rén liǎn sōu suǒ<br>我知道什么是人脸搜索 | |
| wǒ huì yòng zhì néng shǒu jǐ huò zhě píng bǎn jì suàn jǐ wán chéng rén liǎn zì pāi<br>我会用智能 手机或者平板计算机完 成 人脸自拍 | |
| wǒ néng yùn yòng rén liǎn sōu suǒ gōng jù sōu suǒ rén liǎn<br>我能 运 用人脸搜索工具搜索人脸 | |

### ài chuàng xīn
## AI 爱 创 新

shì zhe zài nǐ shēn biān zhǎo yī zhǎo　　nǐ jué de nǎ xiē dì fāng shǐ yòng dào le rén liǎn sōu suǒ jì shù　　shuō yī shuō
试着在你身边找一找，你觉得哪些地方使用到了人脸搜索技术？说一说

wèi shén me　cháng shì fēn zǔ tǎo lùn
为什么，尝试分组讨论。

dì sì dān yuán
# 第四单元

zhì néng chuān dài
## 智能穿戴

xué xí mù biāo
### 学习目标

---

liǎo jiě shén me shì zhì néng chuān dài　　chá xún cháng jiàn de zhì néng chuān dài jí qí cháng yòng gōng néng
（1）了解什么是智能穿戴，查询常见的智能穿戴及其常用功能。

tǐ yàn diàn huà shǒu biǎo de gōng néng　　sī kǎo tā de gōng zuò yuán lǐ
（2）体验电话手表的功能，思考它的工作原理。

fā xiàn shēn biān de wèn tí　　shè jì zì jǐ de zhì néng chuān dài
（3）发现身边的问题，设计自己的智能穿戴。

---

tú tu jīn tiān shàng xué dài le yī kuài mā ma xīn gěi tā mǎi de diàn huà shǒu biǎo　kè jiān tóng xué
图图今天上学戴了一块妈妈新给他买的电话手表，课间同学

men dōu hào qí de wéi guò lái kàn
们都好奇地围过来看。

tú tu　zhè kuǎn shǒu biǎo hǎo piāo liàng　tā dōu néng gàn shén me ya　líng líng wèn dào
"图图，这款手表好漂亮，它都能干什么呀？"灵灵问道。

chú le yòng tā kàn shí jiān　hái kě yǐ yòng tā jiē dǎ diàn huà　pāi zhào　liáo wēi xìn　chá
"除了用它看时间，还可以用它接打电话、拍照、聊微信、查

tiān qì　duì le　hái kě yǐ yòng tā dìng wèi　tā de gōng néng tǐng duō de　tú tu dá dào
天气。对了，还可以用它定位，它的功能挺多的。"图图答道。

zhēn bù cuò　méi xiǎng dào zhè me xiǎo de shǒu biǎo yǒu zhè me duō gōng néng　tā shì zěn me
"真不错，没想到这么小的手表有这么多功能，它是怎么

zuò dào de ne　líng líng jiē zhe wèn dào
做到的呢？"灵灵接着问道。

tú tu shǒu shàng zhè kuǎn shǒu biǎo shì zhì néng huà de shǒu biǎo　zhè zhǒng shǒu biǎo tōng cháng shǐ
"图图手上这款手表是智能化的手表，这种手表通常使

yòng le rén gōng zhì néng jì shù　gōng néng huì bǐ jiào qiáng dà　xiǎo bó shì huí dá dào
用了人工智能技术，功能会比较强大。"AI小博士回答道。

wǒ bà ba yǒu yī gè yùn dòng shǒu huán　shǒu huán kě yǐ jì bù shù　cè xīn lǜ　shèn
"我爸爸有一个运动手环，手环可以计步数、测心率，甚

至可以像公交卡和门禁卡一样进行刷卡等。这种运动手环是不是也使用了人工智能技术呢？"图图问道。

"是的，实际上，像这种戴在手上或者身体其他部位，功能比较强大的智能设备还有很多，通常可以把它们称为智能穿戴。"AI小博士总结道。

"智能穿戴……"

这个单元通过AI小博士、图图、灵灵的对话，以及简单体验智能穿戴的方式，带领同学们了解什么是智能穿戴，体验智能穿戴及设计自己的智能穿戴，思考智能穿戴给人们生活带来的便利，进一步感受人工智能的魅力。

# 第一课 查一查，常见的智能穿戴

"光听名字，就感觉智能穿戴很智能，难怪我的电话手表有这么多智能的功能。"图图说道。

"没错，智能穿戴又称可穿戴设备，是应用穿戴式技术对日常穿戴进行智能化设计，开发出可以穿戴的设备的总称。同学们，除了电话手表和运动手环，大家还见过或者听说过哪些身边的智能穿戴呢？"AI小博士提问道。

接下来，让我们跟着AI小博士和图图一起，查一查，还有哪些常见的智能穿戴吧！

## 聪明的大脑

生活中有哪些常见的智能穿戴？它们都有哪些功能呢？

## AI 大挑战

dà tiǎo zhàn

xún zhǎo shēng huó zhōng cháng jiàn de zhì néng chuān dài，bìng liǎo jiě tā men dōu yǒu nǎ xiē gōng néng

寻找 生活中 常 见的智能 穿戴，并了解它们都有哪些功 能。

## 准备好了

zhǔn bèi hǎo le

qiān bǐ　xiàng pí　zhí chǐ　zhì néng shǒu jī huò zhě píng bǎn jì suàn jī

铅笔、橡皮、直尺、智能 手机或者平板计算机。

## 奇思妙想

qí sī miào xiǎng

nǐ jiàn guò huò zhě tīng shuō guò nǎ xiē zhì néng chuān dài　tā men yǒu shén me gōng néng ne　kě yǐ bǎ tā men huà

你见过或者听说过哪些智能 穿戴? 它们有什么功 能呢? 可以把它们画

chū lái huò zhě xiě chū lái

出来或者写出来。

| 你见过或者听说过的智能 穿戴 nǐ jiàn guò huò zhě tīng shuō guò de zhì néng chuān dài | | | |
|---|---|---|---|
| | | | |
| | | | |

## 大显身手

dà xiǎn shēn shǒu

### 1. 实践案例

shí jiàn àn lì

qǐng tú tu ná chū zhì néng shǒu jī huò zhě píng bǎn jì suàn jī　dǎ kāi liú lǎn qì　shū rù　zhì néng chuān dài

"请图图拿出智能 手机或者平板计算机，打开浏览器，输入'智能 穿戴'

<sub>jìn xíng sōu suǒ</sub> <sub>xiǎo bó shì shuō dào</sub>
进行搜索。"AI 小博士说道。

<sub>nǐ yīng gāi kě yǐ kàn dào hěn duō guān yú zhì néng chuān dài de wǎng yè liú</sub>
"你应该可以看到很多关于智能 穿戴的网页，浏

<sub>lǎn xiāng guān wǎng yè zhǎo chū cháng jiàn de zhì néng chuān dài bìng liǎo jiě qí xiāng</sub>
览相关网页，找出常见的智能 穿戴，并了解其相

<sub>guān de gōng néng xiǎo bó shì jiē zhe shuō dào</sub>
关的功能。"AI 小博士接着说道。

<sub>shí jiàn liú chéng tú</sub>
## 2. 实践流程图

| <sub>dǎ kāi liú lǎn qì sōu suǒ kuàng</sub><br>打开浏览器搜索框 | → | <sub>zài sōu suǒ kuàng shū rù "zhì néng chuān dài" jìn xíng sōu suǒ</sub><br>在搜索框输入"智能 穿戴"，进行搜索 | → | <sub>liú lǎn xiāng guān wǎng yè tí liàn yǒu yòng xìn xī</sub><br>浏览相关网页，提炼有用信息 | → | <sub>huò qǔ sōu suǒ jié guǒ</sub><br>获取搜索结果 |

<sub>shí jiàn bù zhòu</sub>
## 3. 实践步骤

<sub>dì yī bù dǎ kāi liú lǎn qì sōu suǒ kuàng</sub>
第一步，打开浏览器搜索框。

<sub>dì èr bù zài sōu suǒ kuàng shū rù zhì néng chuān dài jìn xíng sōu suǒ</sub>
第二步，在搜索框输入"智能 穿戴"，进行搜索。

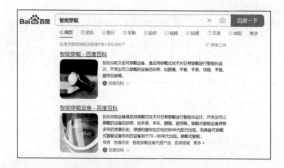

dì sān bù liú lǎn xiāng guān wǎng yè tí liàn yǒu yòng xìn xī
第三步，浏览相 关 网页，提炼有用信息。

## 智能穿戴　🔊播报　✎编辑　💬讨论 28 　📤上传视频　＋｜ ★收藏 👍214 ↗38

应用穿戴式技术对日常穿戴进行智能化设计、可以穿戴的设备的总称

智能穿戴又称可穿戴设备，是应用穿戴式技术对日常穿戴进行智能化设计、开发出可以穿戴的设备的总称，如眼镜、手套、手表、项链、手链、服饰及鞋等。

| 中文名 | 智能穿戴 | 外文名 | Smart Wear |
|---|---|---|---|
| | | 别 名 | 可穿戴 |

**市场前景**

2016年，全球可穿戴设备市场火爆程度高于预期，特别是第四季度的出货量达到3390万台，同比增长16.9%。2016年度的出货量增长了25%，前五大可穿戴设备供应商也不断更新它们的产品线。根据国际数据公司发布的数据，截至2015年底全球可穿戴设备出货量达到1.02亿个。

科技巨头纷纷把智能穿戴设备纳入公司的潜在主营业务，地位仅次于智能手机和平板计算机，中小型企业也在逐渐发力，创新能力不断加强。

早前，可穿戴设备经历了重要转折期，出现了两个明显的应用方向，一是运动健康方向；另一个重要方向是医疗保健应用，特别是在传感器和芯片的配套升级得以在医疗领域广泛发展。

除了前五大设备商，整个行业范围也在迅速扩张，正在挖掘可穿戴市场的细分市场。可以看出中国市场已经成为可穿戴设备增长的核心市场。

dì sì bù huò qǔ sōu suǒ jié guǒ
第四步，获取搜索结果。

wǒ de xiǎo chéng jiù
## 我 的 小 成 就

tóng xué men wǒ men yī qǐ xué xí hé jīng lì le sōu suǒ zhì néng chuān dài de guò chéng nǐ yī dìng duì zhì néng
同学们，我们一起学习和经历了搜索智能 穿戴的过程，你一定对智能

chuān dài hé cháng jiàn de zhì néng chuān dài yǒu le gèng duō de rèn shi ba xià miàn yòng hé lái diǎn píng yī xià
穿 戴和常见的智能 穿戴有了更多的认识吧！下面用√和 × 来点评一下

ba wán chéng de huà méi wán chéng de huà tóng xué men kě yǐ shì zhe zì jǐ píng jià hé hù xiāng píng jià
吧！完成的画√，没完成的画 ×，同学们可以试着自己评价和互相 评价。

| 我的小 成 就 (wǒ de xiǎo chéng jiù) | 自己评价 (zì jǐ píng jià) | 互相 评价 (hù xiāng píng jià) |
|---|---|---|
| 我了解了什么是智能 穿戴 (wǒ liǎo jiě le shén me shì zhì néng chuān dài) | | — |

续表

| wǒ de xiǎo chéng jiù<br>我的小 成 就 | zì jǐ píng jià<br>自己评价 | hù xiāng píng jià<br>互相 评价 |
|---|---|---|
| wǒ xué huì le rú hé sōu suǒ cháng jiàn de zhì néng chuān dài<br>我学会了如何搜索 常 见的智能 穿 戴 | | — |
| wǒ néng gòu shuō chū cháng jiàn de zhì néng chuān dài  bìng jiè shào tā men de gōng néng<br>我能够说出 常 见的智能 穿 戴，并介绍它们的功 能 | | — |
| wǒ zài qí sī miào xiǎng huán jié jì lù de shè bèi shǔ yú zhì néng chuān dài<br>我在奇思妙 想 环 节记录的设备属于智能 穿 戴 | — | |

## AI 爱 创 新
ài chuàng xīn

　　智能 穿 戴的出现，极大方便了人们的生活，但是，不同的智能 穿 戴适
zhì néng chuān dài de chū xiàn  jí dà fāng biàn le rén men de shēng huó  dàn shì  bù tóng de zhì néng chuān dài shì

用的群体是不一样的。请将你搜索出来的常见的智能 穿 戴匹配适用的群体，
yòng de qún tǐ shì bù yī yàng de  qǐng jiāng nǐ sōu suǒ chū lái de cháng jiàn de zhì néng chuān dài pǐ pèi shì yòng de qún tǐ

并说明理由。
bìng shuō míng lǐ yóu

| biān hào<br>编号 | cháng jiàn de zhì néng chuān dài<br>常 见的智能 穿 戴 | shì yòng qún tǐ<br>适用 群体 |
|---|---|---|
| 1 | | |
| 2 | | |
| 3 | | |
| ⋮ | | |

## 第二课　试一试，图图的电话手表

"图图，你可以展示一下电话手表的常用功能，让我们体验一下吗？"灵灵问道。

"当然可以，不过有些功能我也不是很熟练，可能还需要请教 AI 小博士。"图图答道。

"没问题，我们一起来研究和体验吧！" AI 小博士答道。

接下来，让我们跟随图图、AI 小博士一起研究和体验图图的电话手表吧！你最想体验哪个功能呢？

### 聪明的大脑

电话手表是如何工作的呢？如何操作它的常用功能呢？

## AI 大 挑 战

研究和体验图图的电话手表，思考它的工作原理。

## 准 备 好 了

铅笔、橡皮、直尺、图图的电话手表。

## 奇 思 妙 想

根据图图对电话手表的介绍，你对它的哪项功能最感兴趣？若让你体验这个功能，你准备怎么操作？请画出或者写出你的操作步骤。

| 我最感兴趣的功能 | |
| --- | --- |
| 我的操作步骤 | |

## 大 显 身 手

### 1. 实践案例

"电话手表最重要的功能就是打电话，我给大家展示一下打电话的功能吧！"图图说道。

"图图，打电话需要知道对方的联系方式，我把我的联系方式告诉你吧！"AI

xiǎo bó shì jiē zhe shuō dào
小博士接着说道。

xiè xiè　　xiǎo bó shì　tóng xué men zhù yì kàn　xuǎn zé　　bō hào　tú biāo　huì zì
"谢谢 AI 小博士，同学们注意看，选择'拨号'图标，会自

dòng dàn chū shù zì shū rù àn jiàn　　shū rù duì fāng de lián xì fāng shì　àn bō dǎ àn jiàn jiù kě
动弹出数字输入按键，输入对方的联系方式，按拨打按键就可

yǐ le　　rú guǒ shì xiān zài diàn huà shǒu biāo zhōng cún chǔ le lián xì fāng shì　　yě kě yǐ zhí jiē xuǎn
以了。如果事先在电话手表中存储了联系方式，也可以直接选

zé　　gēn zhì néng shǒu jī de shǐ yòng fāng fǎ hěn lèi sì　　shì bù shì hěn fāng biàn　　tú tu biān cāo
择，跟智能手机的使用方法很类似，是不是很方便。"图图边操

zuò biān jiè shào dào
作边介绍道。

diàn huà dǎ guò lái le　　wǒ qù jiào shì wài biān jiē tīng　　xiǎo bó shì biān wǎng jiào shì wài
"电话打过来了，我去教室外边接听。"AI 小博士边往教室外

miàn zǒu biān shuō
面走边说。

diàn huà jiē tōng le　　tóng xué men　　nǐ mén tīng　shēng yīn shì bù shì hěn qīng xī　　tú tu biān
"电话接通了，同学们，你们听，声音是不是很清晰。"图图边

gēn　　xiǎo bó shì tōng huà biān gěi tóng xué men zhǎn shì
跟 AI 小博士通话边给同学们展示。

shí jiàn liú chéng tú
2. 实践流程图

| xuǎn zé　　bō hào　tú biāo<br>选择"拨号"图标 | ⇒ | shū rù duì fāng de lián xì fāng shì<br>输入对方的联系方式 | ⇒ | àn bō dǎ àn jiàn<br>按拨打按键 | ⇒ | jìn xíng tōng huà<br>进行通话 |
|---|---|---|---|---|---|---|

shí jiàn bù zhòu
3. 实践步骤

dì yī bù　　zài diàn huà shǒu biāo píng mù shàng　xuǎn zé　　bō hào　tú biāo
第一步，在电话手表屏幕上，选择"拨号"图标。

dì èr bù　　zì dòng tán chū shù zì àn jiàn　　shū rù duì fāng de lián xì fāng shì
第二步，自动弹出数字按键，输入对方的联系方式。

dì sān bù　　àn bō dǎ àn jiàn　　děng dài duì fāng jiē tīng
第三步，按拨打按键，等待对方接听。

dì sì bù　　duì fāng jiē tīng jiù kě yǐ jìn xíng tōng huà le
第四步，对方接听就可以进行通话了。

jiē xià lái　　qǐng tóng xué men yòng tú tu de diàn huà shǒu biǎo tǐ yàn zì jǐ zuì xiǎng tǐ yàn de yī xiàng gōng néng
接下来，请同学们用图图的电话手表体验自己最想体验的一项功能。

zài tǐ yàn de shí hòu zhù yì zǒng jié　　kàn kàn cāo zuò bù zhòu yǔ dǎ diàn huà de bù zhòu yǒu shén me qū bié
在体验的时候注意总结，看看操作步骤与打电话的步骤有什么区别。

## 我的小成就

同学们，大家体验了对图图的电话手表最感兴趣的一项功能，对电话手表的使用是不是有了更深的认识呢？下面用√和×来点评一下吧！完成的画√，没完成的画×，同学们可以试着自己评价和互相评价。

| 我的小成就 | 自己评价 | 互相评价 |
|---|---|---|
| 我了解了使用电话手表打电话的步骤 | | — |
| 我顺利地使用电话手表体验了最感兴趣的一项功能 | | — |
| 我对电话手表的工作原理有了基本的认识 | | — |
| 我在奇思妙想环节记录的步骤是可行的 | — | |

## AI 爱创新

图图的电话手表属于儿童电话手表，市场上还有成人电话手表。请同学们利用互联网查找相关资料，了解儿童电话手表与成人电话手表在功能上有哪些区别，并将你的发现填入下表中。

| 编号 | 儿童电话手表与成人电话手表在功能上的区别 |
|---|---|
| 1 | |

续表

| biān hào<br>编号 | ér tóng diàn huà shǒu biǎo yǔ chéng rén diàn huà shǒu biǎo zài gōng néng shàng de qū bié<br>儿童电话手表与成人电话手表在功能上的区别 |
|---|---|
| 2 | |
| ⋮ | |

gēn jù  nǐ  duì diàn huà shǒu biǎo de liǎo jiě    zǒng jié  tā  gěi wǒ men de shēng huó  tí gòng le  nǎ  xiē biàn  lì
根据你对电话手表的了解，总结它给我们的生活提供了哪些便利。

| diàn huà shǒu biǎo de gōng néng<br>电话手表的功能 | gěi wǒ men de shēng huó tí gòng le  nǎ  xiē biàn  lì<br>给我们的生活提供了哪些便利 |
|---|---|
| gōng néng yī<br>功能一： | |
| gōng néng èr<br>功能二： | |
| ⋮ | |

## 第三课 设计你的智能 穿戴

"同学们，经过前 面两课的学习，大家已经基本了解了生活中 常见的智能 穿戴，了解了它们有哪些功 能，并初步思考了它们的工作原 理。"AI 小博士说道。

"你所了解的智能 穿戴能够解决你的所有问 题吗？还有哪些功 能你想 让智能 穿戴实现？"AI 小博士继续问道。

"我了解的智能 穿戴并不能解决我的所有问题，我希望在我有不认识的人时智能 穿戴能够帮 帮我。"图图回答道。

"我希望在下雨天，我没带伞时智能 穿戴能够帮我挡 挡雨。"灵灵也回答道。

"……"

"好了，同学们，看来大家都有好的想法，接下来，让我们来设计自己的智能 穿戴吧！技术实现上大家可以先不予考虑，把好的 创意想法表达出来就可以了！"AI 小博士说道。

## 聪明的大脑

在你的生 活中，有哪些你想 让智能 穿戴解决的问题？针对这些问题，

nǐ néng shè jì yī zhǒng zhì néng chuān dài lái jiě jué tā men ma
**你能设计一种智能穿戴来解决它们吗?**

---

dà tiǎo zhàn
## AI 大挑战

rèn wù yī zhǎo chū jǐ gè nǐ xiǎng ràng zhì néng chuān dài jiě jué de wèn tí
**任务一:找出几个你想让智能穿戴解决的问题。**

rèn wù èr shè jì yī zhǒng zhì néng chuān dài lái jiě jué zhè xiē wèn tí
**任务二:设计一种智能穿戴来解决这些问题。**

zhǔn bèi hǎo le
## 准备好了

huì huà zhǐ qiān bǐ xiàng pí shuǐ cǎi bǐ zhí chǐ zhì néng shǒu jī huò zhě píng bǎn jì suàn jī
绘画纸、铅笔、橡皮、水彩笔、直尺、智能手机或者平板计算机。

qí sī miào xiǎng
## 奇思妙想

shēng huó zhōng nǐ yù dào le nǎ xiē nǐ xiǎng ràng zhì néng chuān dài jiě jué de wèn tí qǐng jiāng nǐ de wèn tí huà
生活中,你遇到了哪些你想让智能穿戴解决的问题? 请将你的问题画

chū lái huò zhě xiě chū lái
出来或者写出来。

| nǐ yù dào le nǎ xiē nǐ xiǎng ràng zhì néng chuān dài jiě jué de wèn tí 你遇到了哪些你想让智能穿戴解决的问题 | | |
|---|---|---|
| | | |

## 大显身手

### 1. 实践案例

"图图，你希望在你有不认识的人时智能穿戴能够帮帮你，你的创意设计是怎样的呢？"AI小博士问道。

"我设计的智能穿戴是一个智能头环，戴在额头上像一个装饰品，在我有不认识的人时，它会通过脑电波告诉我对方是谁，超酷的。"图图回答道。

"听起来真不错，抓紧把你的创意想法画出来吧！"AI小博士说道。

### 2. 实践流程图

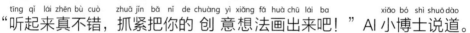

观察生活细节 ➡ 找出想让智能穿戴解决的问题 ➡ 选择智能穿戴佩戴的部位 ➡ 画出创意设计

### 3. 实践步骤

第一步，观察生活细节，搜集生活中遇到的问题。

第二步，通过智能手机或者平板计算机尽可能多地了解现有的智能穿戴，根据你对现有智能穿戴的了解，找出几个你想让智能穿戴解决的问题。

第三步，仔细观察人体构造，认真思考，选择智能穿戴佩戴的部位。

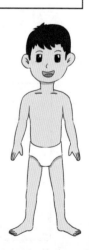

dì sì bù　huà chū nǐ shè jì de zhì néng chuān dài　kě yǐ pèi wén zì jiǎng jiě　jiāng gōng néng miáo shù qīng chǔ

第四步，画出你设计的智能 穿戴，可以配文字讲解，将 功 能 描述清楚。

### wǒ de xiǎo chéng jiù
# 我 的 小 成 就

tóng xué men　dà jiā xué xí bìng shè jì le shǔ yú zì jǐ de zhì néng chuān dài　shì bù shì duì zhì néng chuān dài

同学们，大家学习并设计了属于自己的智能 穿戴，是不是对智能 穿戴

yǒu le gèng shēn de rèn shi ne　xià miàn yòng hé　lái diǎn píng yī xià ba　wán chéng de huà　méi wán chéng

有了更 深 的认识呢？下面 用 √和 × 来点评一下吧！完 成 的画√，没完成

de huà　tóng xué men kě yǐ shì zhe zì jǐ píng jià hé hù xiāng píng jià

的画 ×，同学们可以试着自己评价和互相 评价。

| wǒ de xiǎo chéng jiù<br>我的小 成 就 | zì jǐ píng jià<br>自己评价 | hù xiāng píng jià<br>互相 评价 |
|---|---|---|
| wǒ néng gòu zhǎo chū jǐ gè xiàn yǒu zhì néng chuān dài jiě jué bù liǎo de wèn tí<br>我能够找出几个现有智能 穿戴解决不了的问题 | | — |
| wǒ duì zhì néng chuān dài liǎo jiě de gèng duō le<br>我对智能 穿戴了解得更 多了 | | — |
| wǒ chéng gōng de shè jì le wǒ de zhì néng chuān dài<br>我成 功 地设计了我的智能 穿戴 | | — |
| wǒ shè jì de zhì néng chuān dài hěn yǒu yì si<br>我设计的智能 穿戴很有意思 | — | |

### ài chuàng xīn
# AI 爱 创 新

tóng xué men　dà jiā dōu shè jì le zì jǐ de zhì néng chuān dài　qǐng hù xiāng jiāo huàn shè jì tú zhǐ　nǐ rèn wéi

同学们，大家都设计了自己的智能 穿戴，请互相交换设计图纸，你认为

tóng xué men shè jì de zhì néng chuān dài yǐ hòu huì shí xiàn ma　wèi shén me　qǐng xiě chū nǐ de lǐ yóu

同学们设计的智能 穿戴以后会实现吗？为什么？请写出你的理由。